Ce livre est destiné aux rêveurs !
Nos songes, doux messagers de notre inconscient.

Ils continuent de hanter mes nuits et celle de mon entourage,
Il m'apparaît indispensable d'ajouter une suite à mon premier livre
Qui s'intitule : « Le rêve… Le Reflet de la Vie ??? »

© 2025 Valérie P.
Édition : BoD · Books on Demand, 31 avenue Saint-Rémy, 57600 Forbach, bod@bod.fr
Impression : Libri Plureos GmbH, Friedensallee 273, 22763 Hamburg (Allemagne)
ISBN : 978-2-3224-7938-2

. SOMMAIRE.

Chap 1	Le Balai et « Attends »	Page 9
Chap 2	Le rejet, l'injuste et la justice	Page 14
Chap 3	Mes beaux-parents	Page 19
Chap 4	Le Handicap	Page 25
Chap 5	Mon ex-mari	Page 30
Chap 6	Grossir	Page 35
Chap 7	Mon livre	Page 42
Chap 8	Les Etoiles	Page 46
Chap 9	Projet d'achat	Page 52
Chap 10	Rêve prémonitoire	Page 58
Chap 11	Intrusion dans ma maison	Page 62
Chap 12	Sein	Page 67
Chap 13	Ménagerie	Page 73
Chap 14	Mariage	Page 79
Chap 15	Prof de Maths et l'accident	Page 83
Chap 16	Encore un accident	Page 88
Chap 17	Ma belle-sœur – L'appel	Page 93
Chap 18	Photo de tornades	Page 97
Chap 19	Encore de l'eau et à nouveau un fantôme	Page 101
Chap 20	Notification de message	Page 105
Chap 21	Prise d'otages	Page 108
Chap 22	Ma belle-fille	Page 113
Chap 23	L'infidélité	Page 117
Chap 24	Le cercueil d'un ami	Page 121
Chap 25	Mon collègue de travail	Page 126
Chap 26	Les dates anniversaires, 3 ans !	Page 134
Chap 27	Harcèlement	Page 143
Chap 28	Bébé brun et des accidents de moto	Page 150
Chap 29	Un deuxième cauchemar éveillé	Page 155
Chap 30	L'abcès	Page 161

. PREFACE.

« Le rêve... le reflet de la vie – Tome 1 ???» C'est mon premier livre où je décris mes rêves et mes ressentis, mes angoisses, mes joies, mes peurs et aussi mon optimisme.

Il est devenu, pour moi, une nécessité d'écrire et de vous faire partager ma vie à travers mes songes.

J'ai découvert à travers l'écriture de ce livre que ma vraie motivation est, non seulement d'analyser mes rêves, mais aussi, de constater votre envie de communiquer les vôtres.

Suite à la lecture de ce premier livre, vous vous dévoilez. On s'aperçoit que nous en faisons des similaires et, tout naturellement, vous me racontez vos vies nocturnes qui peuvent être aussi drôles, tristes, angoissantes, ubuesques ou qui peuvent toucher au domaine de l'ésotérisme.

Je vais continuer ma quête sur ce thème qui me passionne. J'aurai l'occasion, à travers celui-ci, de mettre en avant les rêves de certains de ma famille, de mes amis, collègues et personnes que je côtoie.

C'est un domaine vaste, une envie de partager notre reflet de vie...

Continuons à rêver notre existence...

1. Le Balai et « Attends »

Faire le ménage, quelle corvée !!!

Je crois que tout le monde sera d'accord avec moi, c'est bien une tâche qui demande du temps, de la sueur, de l'énergie. Le résultat, certes, une maison rutilante, mais pour combien de temps!

Il faudrait trouver un moyen d'y prendre plaisir, y-a-t-il une bonne méthode ? Peut-être trouver des challenges pour pimenter certaines tâches, essayer de créer des produits « maison », inventer des jeux pour faire participer les enfants.

Chez moi, ma maison est rangée et relativement tenue. Je dis bien relativement, car je ne suis pas non plus maniaque.

J'essaye qu'elle soit à mon image, propre, rangée, légèrement ordrée, mais j'aime lui laisser aussi son brin de folie. Il faut que l'intérieur soit accueillant et vivant, que l'on s'y sente bien. Pour moi, c'est important.

J'ai mon aspirateur pour le grand ménage et mon balai pour ramasser quelques miettes. Deux méthodes bien différentes pour une tâche similaire, l'un aspire, l'autre repousse...

Mon rêve :

Je suis dans une pièce qui a dû accueillir du monde.

Je vois une petite fille avec un balai. Elle commence à balayer, repousser cette poussière.

Je la regarde et lui crie : « Attends !». Elle m'a regardée, elle s'est stoppée.

****

Le : « Attends !» est sorti réellement de ma bouche, haut, clair et fort. Mon ami a été surpris et m'a apaisée en me disant : « Je suis là » et il a entouré ses bras autour de moi. Je lui ai relaté mon rêve et je me suis rendormie.

****

Comme dans mon premier livre, je vais essayer au mieux de faire ma propre analyse de mon rêve avec mon ressenti et m'aider des dictionnaires des songes pour voir si c'est le reflet de ma vie…

C'est tellement surprenant par moment, que l'on peut être abasourdi par certaines vérités, certaines révélations.

****

Cette petite fille, qui est-elle ? Un visage, oui ! A qui appartient-il ? Bonne question. Elle entreprend ce ménage avec son balai, repousse la poussière, pourquoi la stopper dans son élan, par ce « Attends ! » si puissant qu'il en est sorti réellement de ma bouche.

Est-ce moi cette petite fille ? Ai-je encore besoin de faire le ménage dans ma vie ?

Mon divorce est prononcé après un an et demi de procédure, je nourris toujours une colère difficile à digérer.

Je m'occupe de mes enfants au mieux, prépare leur avenir, ils ne manquent de rien.

Ils sont gentils mais parfois exigeants, il n'est pas toujours facile d'élever seule des adolescents. Il faut dire, que pour nos très chères têtes blondes, le monde actuel ne laisse pas beaucoup d'autres choix que d'être « dans le moule », ils doivent s'élever dans une société relativement égoïste et doivent y trouver leur place.

J'ai fermé la porte à mon démon de père qui, désormais, fera partie de mon passé jusqu'au moment où il faudra lui préparer sa dernière demeure.

J'ai toujours mon travail, même si je cherche toujours une meilleure opportunité.

Je découvre chaque jour l'homme qui est entré dans ma vie, la conclusion de mon premier livre. Celui qui m'entoure de ses bras quand je rêve et qui me dit qu'il sera là.

C'est nouveau pour moi de constater que quelqu'un se soucie pour moi.

J'ai conscience que le ménage intérieur n'est pas terminé, il prend différentes formes pour s'exprimer.

****

Que dit le dictionnaire des rêves :

En rêve, balayer est un symbole de nettoyage en vue d'obtenir notre propre satisfaction et le plaisir des autres - car balayer, c'est faire disparaître ce qui est désagréable à voir. C'est pourquoi balayer équivaut à éliminer de notre subconscient ce qui ne nous plaît pas.

Le balai dans ce rêve est l'instrument qui refoule les mauvaises pensées qui perturbent votre vie.

=> Dans la vie réelle, avec le recul, je m'aperçois que par moment il faut sortir ce balai, nettoyer ce qui ne convient plus. Chasser le désagréable pour obtenir de l'agréable. Un besoin de repousser, de chasser et de mettre à la poubelle. Je suis à la moitié de ma vie, je dois encore faire ce ménage. Il y aura sûrement des moments plus faciles que d'autres.

****

Le phénomène d'exprimer un mot dans son rêve s'appelle la « somniloquie », sa définition : c'est émettre des sons plus ou moins bien articulés pendant le sommeil.

Des neuropsychologues se sont penchés sur ce phénomène et ils étudient les patients qui présentent ces troubles.

Ils se sont aperçus qu'en majorité c'était pour dire des insultes ou poser des questions. Seules 36% des vocalisations nocturnes sont des paroles compréhensibles, les 64% restants sont constitués de pleurs, de rires, de cris, des chuchotements. Et quand le somniloque parle distinctement, c'est le plus souvent pas très joli à entendre...

Cela ne veut pas dire qu'on dorme mal et cela ne fait pas de nous un somnambule.

****

« Attends ! », c'est beaucoup de moment de la vie en fin de compte :

- Attendre …

- Attendre son tour
- Attendre un tournant dans sa vie
- Attendre l'autre
- Attendre un enfant
- Attendre la fin, la mort

Qu'attendons-nous ?

Attendre, c'est se retrouver face à soi-même, c'est patienter, c'est parfois difficile, pour certains insurmontable.

Pour avancer, il faut savoir par moment gérer ce temps, ce n'est pas du temps perdu….

« Tout vient à point à qui sait attendre », cet adage est certainement très pertinent.

.2. Le rejet, l'injuste et la justice

Le rejet, un sentiment terrible.

Il fait partie des 5 blessures fondamentales (rejet, abandon, humiliation, injustice, trahison), des blessures profondément ancrées en nous, le psychiatre John Pierrakos fut le premier à s'intéresser à ce sujet.

Nous souffrons tous d'au moins 3 de ces blessures. Or, il y en a une en particulier qui nous a marqué plus que les autres. Le fait de prendre conscience de notre blessure principale nous aide à entamer un travail de guérison.

L'objectif ultime est de nous libérer de l'emprise de cette blessure, pour que nous puissions enfin être nous-même.

Pour le rejet, pourquoi en avoir si peur ? A-t-on peur du regard d'autrui ? Devons-nous faire comme les autres pour ne pas souffrir de cet abandon ? Devons-nous affronter cette problématique et ne plus en être victime ?

Pour avancer, il est nécessaire d'affronter et gérer ses angoisses, d'apprendre à les apprivoiser et les comprendre.

Pour guérir et se libérer, se pardonner et pardonner aux autres, il faut prendre conscience de sa blessure et l'accepter, arrêter de fuir dans toute situation, affronter sa peur et oser s'affirmer, prendre sa place.

Mon rêve :

Je suis chez mon employeur actuel, je reconnais les locaux, j'occupe un poste avec diverses fonctions, la polyvalence reste mon moteur.

Je vois mes collègues actuels, mais pas seulement, certaines têtes me semblent inconnues. J'aperçois, entre 2 bureaux, une connaissance personnelle !!!

Une nuit passe, je reviens le lendemain pour aller travailler, mais l'entreprise est totalement différente. Tout a été refait, c'est un nouveau bâtiment avec de nouveaux mobiliers et de nouveaux collègues.

Je cherche mon bureau, mais je ne retrouve pas ma place.

Les patrons arrivent et disent en me regardant : « Certains n'auront plus leur bureau, car ils ne resteront pas… »

Je suis désemparée, en colère, car je me suis investie et je fais ce qu'il faut. Je leur clame haut et fort que ce qui font n'est pas légal. Je pars le regard bas.

Une nouvelle nuit, au matin, je me rends à nouveau dans cette entreprise et je prends le café avec certains collègues, sans la présence des patrons, mais ils finissent par arriver. Je les affronte et leur dit : « Mettez-vous à ma place, aimeriez-vous être traité de cette façon ? Être mise de côté aussi violemment ? Rendez-vous compte, où est ma place ? »

Un des deux pleurait, reconnaissait-il l'injustice ? J'étais abattue, perplexe.

Je me suis réfugiée dans l'entreprise voisine. J'ai entendu à la radio qu'un procès allait démarrer. Quel Procès ? Curieusement, celui de l'entreprise qui m'avait rejetée...

****

Je me suis réveillée sur ce rêve à 6h15, impossible de me rendormir. Je ressentais encore en moi ce sentiment d'injustice, ce rejet. Je n'avais plus ma place…Je ne méritais pas un tel mépris.

J'ai pris le temps du recul. Plus on avance dans l'âge et avec les expériences, plus on finit par analyser les situations. J'ai profité des 45 minutes, avant que mon réveil sonne, pour comprendre ce qui me paraissait si difficile à surmonter.

Ma vie n'a pas été un fleuve tranquille, elle m'a malmenée autant sur le plan personnel que le professionnel.

J'ai connu lors de mon premier contrat, le harcèlement moral. Le sentiment d'injustice, je le connais…

Et ce rejet, mon père en est-il le déclencheur ?

Pour la justice…Je ne suis jamais allée au bout de cette démarche, autant pour le harcèlement que pour ce père qui méritait qu'on lui ouvre les yeux.

J'aimerai comprendre pourquoi certaines scènes de mon rêve me laisse ce goût amer à mon réveil.

Allons analyser celui-ci pour comprendre mes ressentis :

Le rejet, vécu en rêve, provoque de forts sentiments de déception et de perte au réveil. A chaque rejet pour quelque chose ou par quelqu'un, cet évènement suscite des émotions comme la culpabilité et la tristesse. Par conséquent, rêver de rejet représente une diminution souvent de notre estime de soi et de notre confiance en nous. Se sentir rejeté en songe, peut signifier que vous n'exprimez pas votre propre opinion. Vous désirez trop être en accord avec tout le monde. N'est-ce-pas un message pour commencer à s'affirmer ?

=> L'estime de soi, la confiance en soi... Un travail sur le long terme. Fille de pervers narcissique, la guérison demandera du temps... Une personne narcissique va s'attacher avec une méticulosité d'orfèvre à détruire l'image de sa victime. J'étais l'ainée de ses enfants, depuis mon plus jeune âge, il a fallu avancer avec ce manque d'estime, de confiance personnelle... Je l'ai travaillé avec ma thérapeute, c'est encore un sujet lourd pour moi.

Il y a un domaine, pourtant aujourd'hui, dans lequel j'ai fini par avoir confiance petit à petit, c'est le travail. Grâce à mes acquis, mes compétences, j'ai montré de quoi j'étais capable et j'ai prouvé par de nombreuses fois, que j'ai un caractère affermi prouvant mon adaptabilité à travailler dans un monde d'hommes.
J'ai construit ma vie professionnelle comme je l'entendais, pas comme ma vie personnelle que j'ai subie.

Rêver de procès, de procédures quelconques, annonce souvent que vous allez être obligé de rompre des relations, vous en aurez sans doute de la peine, mais vous verrez par la suite que c'est un bien pour vous.

=> L'entreprise dont j'ai rêvé, c'est celle que j'ai intégré il y a presque un an.

Ce rêve je l'ai fait dans la nuit de mardi à mercredi. Il faut savoir que j'ai été sollicitée par une autre entreprise le lundi précédant qui travaille dans le même domaine. Ils veulent me « débaucher ». J'ai eu mon entretien mercredi qui s'annonce très prometteur.
Était-ce un rêve prémonitoire ?

Cela vient à point nommé, car je n'avais plus ma place dans cette entreprise actuelle !!

Le procès, c'est perdre, rompre des relations. Oui, je vais perdre mes collègues et cela risque de me causer de la peine, on s'attache aux personnes que l'on rencontre. Elles ne seront plus mes collègues, mais elles feront parties désormais de mes amies.

Dans l'analyse, il est noté que cela va être un bien pour moi. Je ne peux que le confirmer par rapport à la richesse de l'entretien. Ce patron et moi-même avons la même vision et la même conception de l'entreprise. Il est porteur d'énorme projet et il les fait partager à son équipe, il se met au même niveau que nous. Répondre au standard par moment ne le dérange pas, il travaille dans le même open-space que son équipe. Il est bon d'avoir enfin trouvé un patron qui a compris que l'interaction salarié/patron était important.

Je vais vous donner un conseil de thérapeute pour l'estime de soi :
Tenir un petit journal où on peut noter ses ressentis positifs : (je me trouve jolie avec cette tenue, j'ai un beau sourire ce matin, j'ai tenu ma séance de sport sans m'arrêter, j'ai solutionné un problème, …) et les jours de moins bien, ressortir ce petit cahier et relire ce positif.

L'estime de soi est un moteur pour passer à l'action…

3. Mes beaux parents

Les beaux-parents, parlons-en… Un sujet vaste qui parle à tout le monde.

Je vais vous parler de 2 rêves sur ce sujet que j'ai fait à 4 mois d'intervalles.

Belle-mère et beau-père, pour le meilleur et pour le pire, nous les adoptons en même temps que l'on s'unit à sa moitié. Ils peuvent être présents, pesants, protecteurs, pénibles, à prendre avec des pincettes, …. Autant de mot commençant par un « P » qui peuvent les qualifier.

Sachez-le, on hérite d'une partie de famille qu'on doit apprendre à cerner, à connaitre au moment du « Oui » devant Mr Le maire. Ils feront partie intégrante de votre arbre généalogique pendant le mariage.

Cet adage « On subit sa famille, on choisit ses amis » de Napoléon III est souvent repris et prononcé.

Pour ma part, mes ex-beaux parents m'ont plutôt bien reçue il y a 23 ans de cela. J'étais la première petite amie présentée officiellement par mon ex-mari. J'avais le profil de la jeune fille bien rangée. Je finissais mes études universitaires, je m'installais dans mon appartement, je construisais ma vie tranquillement, un bel avenir m'attendait.

Mon beau père était l'image du papa que j'aurai aimé. Il avait de l'humour, des petites attentions qui font penser que l'on a de l'importance à ses yeux. Pas d'effusions de câlins ou d'embrassades, ça ce n'était pas dans leur façon d'être.

Ma belle-mère, une femme qui ne laissait pas transparaître ses sentiments, elle m'expliquera de nombreuses fois sa vie, ses ressentis, ses faiblesses, mais aussi ses forces. J'étais en quelque sorte sa confidente, elle me faisait confiance. Ses filles, par moment, jalousaient cette complicité.

On déjeunait souvent le dimanche chez eux, avec le traditionnel « rôti de bœuf / patates carrées /salade », des rituels bien ancrés.

Jamais ils ne se sont permis de nous juger sur notre façon de vivre, jusqu'à un événement familial qui a fini par scinder la famille. Le mariage du frère de mon ex-mari, cela a coupé ce lien si difficile à maintenir, à construire… Pourquoi ?

La prise de partie, un véritable fléau dans une famille…

Ce divorce que je n'ai pas sollicité a mis fin au lien qui existait entre eux et moi. J'aurai bien gardé ma porte ouverte à cette belle famille, mais ils ont refermé la leur. J'ai essayé d'appeler et d'envoyer un message après la décision de leur fils mais, j'ai appris, à mes dépends, qu'ils m'avaient rayé de leur vie.

Aujourd'hui, je me suis créée une nouvelle vie.

J'ai terminé mon premier livre des rêves sur : « ma conclusion, mon homme ». Cet homme fait partie de ma vie depuis 6 mois, c'est une évidence. Ce sentiment si fort qui nous lie est, pour l'un comme pour l'autre, une certitude. Nous finirons par faire un long chemin de vie ensemble.

Ma belle maman ? Je ne pourrais pas la rencontrer. Je n'ai de ce petit bout de femme, qu'une photo. Il y a 5 ans, elle s'est éteinte après avoir lutté contre un cancer. Je ressens dans les conversations avec mon ami que cette femme était un élément moteur, une référence dans sa famille.

Qu'il m'aurait été bon de la rencontrer. Avoir son ressenti, apprendre à la connaître, avoir son regard sur la vie. Apprendre à travers son histoire, ce qui fait la force et les faiblesses de son fils.

Mon beau père ? Mon ami entretient un rapport différent avec lui depuis le décès. Son papa ne s'est pas remis de sa disparition, il a sombré, il a perdu pied, il s'est accordé d'autres priorités. Je l'ai rencontré au cours de plusieurs repas, cette relation entre eux évoluera-t-elle ? Seul le temps pourra le dire.

Notre belle famille… C'est une part de nous dès que l'on est en couple. On l'accepte même si on n'est pas toujours d'accord. On cherche un terrain d'entente, un respect. Pas besoin de chercher à plaire, juste trouver sa place. Pour eux comme pour nous.

Je vous ai dit au début du chapitre que j'avais fait 2 rêves, je vais vous les raconter…

****

Rêve n° 2 :

Je me retrouve dans une pièce, il y a mes ex-beaux-parents.

Je m'approche de mon beau père, il n'est pas très grand, je l'agrippe par le col de son tee-shirt et je lui dis : « C'est TA faute, tu as causé notre rupture ».

Il a un regard effaré, ma belle-mère n'ose pas intervenir.

Je sens l'agacement, l'envie de dire toutes les choses qui m'ont blessées. L'envie de frapper !!! Je n'en fais rien.

****

Cet agacement, je l'ai exprimé par un grand coup de pied dans le matelas en me réveillant. Je ne suis pourtant pas du genre violente dans la vie réelle. La nuit, j'exprime différemment.

Je suis déçue de mes ex-beaux-parents, leur attitude face au divorce, face aux enfants. Ce coup de pied a dû soulager mon esprit.

*******.

Mon deuxième rêve n'a pas eu le même effet. Il se rapporte plus au premier chapitre de mon premier livre qui s'intitule « Mes anges ».

Rêve n° 1 :

Je regarde au loin l'homme qui fait partie de ma vie depuis 1 mois. Il me plait dans son tout. J'ai peur qu'il me laisse, il a un passé amoureux qui fait que je me pose la question de « pourquoi moi ?».

Je vois 2 femmes assises sur un banc, je m'approche. Je reconnais sa maman, (Elle ressemblait à la photo qu'il m'avait montrée pendant nos discussions) et je suppose sa sœur que je n'avais pas encore rencontrée.

Elle me regarde intensément, elle tend sa main vers moi et la pose sur mon cœur. Elle me dit « Il t'a choisie ».

****

De ce rêve, je n'ai retenu que cette douceur, cette approbation d'une maman partie trop tôt.

J'ai raconté mon songe à mon ami. Il m'a juste demandé : « Elle allait bien ? ». Je lui ai dit que Oui, je l'avais trouvé sereine.

Ces deux rêves sont le reflet de ma vie…

J'ai fait en premier le rêve de la maman de mon ami et quatre mois après le rêve de mes ex-beaux-parents… Ce coup de pied dans le matelas, mon ami en a été surpris, il m'a juste dit « Je suis là » et il m'a apaisée.

Doit-on analyser ces rêves-là ? Ils sont déjà remplis de sens.

Rêver d'un beau-parent représente un compromis, un comportement respectueux, ou des décisions avec un intérêt plus fort pour éviter des situations négatives.

=> J'avance dans ma vie de femme, pas à pas. Je retrouve mes marques, mes besoins primaires. Ceux qu'on oublie quand on vit dans sa routine de femme mariée, de maman, de femme dévouée aux autres. J'apprends petit à petit à me respecter et essayer de ne pas reproduire ce qui était contrariant. Oui, c'est un compromis de tous les jours, on grandit, on s'élève.

Rêver de se battre avec son beau-père révèle que vous allez devoir apprendre à relativiser et examiner chaque occasion plus précautionneusement.

=> Je suis en plein dans ce besoin, apprendre à relativiser. Depuis la rencontre avec mon ami, il me guide dans cette direction. Il a ce pouvoir sur moi. Examiner chaque évènement prudemment, c'est normal, je dois prendre en considération les paramètres de ma vie. Je reste une maman solo avec 3 enfants.

Rêver de ma belle-maman défunte, je garde mon analyse propre. Le chapitre un de mon premier livre sur les rêves est intitulé « Mes anges », il y en avait deux. Désormais, ils seront trois. Ce sont mes êtres protecteurs.

4. Le Handicap

Le Handicap, c'est un vaste sujet. La définition dans le petit Larousse est : Limitation d'activité ou restriction de participation à la vie en société due à une altération des capacités sensorielles, physiques, mentales, cognitives ou psychiques.

Il y a celui qui se voit et celui qui ne se voit pas…

Le handicap visible est identifiable par le fauteuil, la canne, les traces laissées sur un corps qui laissent des stigmates, des marques. Le regard extérieur n'est pas simple, car Il faut oser se confronter aux regards des autres qui parfois dévisagent avec insistance, pitié ou dédain ces aides à la vie courante.

Le plus compliqué à faire comprendre est celui qui est invisible donc, non identifiable. Si la personne n'en parle pas, il passe totalement inaperçu. Pourtant ce handicap impacte la qualité de la vie. Comment faire comprendre aux autres que l'on souffre et que l'enveloppe de son corps ne montre aucune trace de la maladie ?

Visible ou invisible, le handicap est un sujet difficile à aborder pour le malade, pour l'entourage ou les gens qui croiseront le parcours de cette personne.

Il y a plusieurs raisons à cela. La psychanalyse répondrait que cela renvoie à une peur primaire et inconsciente de la contagion : via le seul regard, la crainte d'être touché à son tour, d'être atteint. Le handicap interroge et bouscule ce que nous appelons la normalité, surtout dans une société où la norme sociale est importante.

Enfin, le handicap nous confronte à ce que nous refoulons pour bien vivre au quotidien : la conscience des limites du vivant, du risque de l'affaiblissement. Il nous renvoie à la fragilité en général.

La personne handicapée c'est l'autre, avec un grand A, le différent de moi.

Ce thème me parle au plus profond de ma chair. Je fais partie de ce clan. Je suis reconnue travailleur handicapé depuis 2018. Un chemin qu'il a fallu apprivoiser, qu'il a fallu accepter, qu'il a fallu faire comprendre.

Je souffre de douleurs chroniques depuis 20 ans, des douleurs invalidantes.

Je n'ai jamais inventé mes souffrances… je les ressentais dans ma chair au point par moment de crier intérieurement et parfois extérieurement, ce qui peut agacer l'entourage.

Il y a 3 ans, j'ai constaté une préhension difficile de mes mains, tout ce que je prenais, tombait, j'avais beaucoup plus de mal à écrire et par moment des difficultés à déglutir. Dès le matin, cette obligation de faire des étirements pour réveiller ce corps qui tiraillait. Je recevais des décharges électriques dans les cervicales, je souffrais de sensations de gêne à la lumière, aux bruits qui vous font penser que le cerveau recèle un problème, et la peur de penser que peut-être une tumeur s'y développait.

Quand j'en parle, on se moque de moi, de mes craintes. C'est vrai, j'oubliais simplement que mon corps extérieur, ne montre rien.
J'ai fait des recherches sur internet sur ce thème, car à chaque fois, mes résultats d'examens et de radios ne révélaient rien.
Pourtant, je continuais à avoir mal. On mettait sur le compte de ma fatigue le fait de gérer 3 enfants, d'avoir un travail à responsabilité, d'être stressée, que les contractions de mes fibres musculaires, tendineuses de mon corps étaient dues à la folie douce de ma vie…

Il a fallu que je tape le poing sur la table chez mon médecin pour lui dire : « Ecoutez, j'ai soit la sclérose en plaque soit la Fibromyalgie ».

Il me regardé et il m'a dit : « C'est vrai que la Fibromyalgie répond à tous vos symptômes…, je vous envoie chez un rhumatologue ».
La rhumatologue que j'avais déjà vu il y a 8 ans de cela avait voulu me faire des infiltrations au niveau des cervicales suite aux douleurs prononcées qui existaient déjà à cette époque. J'avais refusé, car des piqûres à la base du crâne, je ne me sentais pas capable de le supporter.

La Fibromyalgie : Il s'agit d'une maladie chronique qui se caractérise par des douleurs musculosquelettiques généralisées et par une réduction du seuil de la douleur, qui se reconnaît généralement par un ressenti plus fort de la douleur lorsqu'on exerce une pression sur différentes parties du corps. La forte douleur se localise dans des zones musculaires et celui qui en souffre devient extrêmement sensible à tout contact physique avec cette partie du corps, et peut même être affecté par de brusques changements de températures.

J'ai repris contact avec elle, elle m'a prescrit divers examens dont un sur les 18 points gâchettes où se concentrent la douleur sévère et l'extrême sensibilité, caractéristiques majeures de cette maladie. Il s'avère que j'en comptabilise 15… Pour conclure sur le diagnostic de la fibro, Il faut que les douleurs existent depuis plus de 6 mois, pour moi, elles sont présentes depuis de nombreuses années. A avoir que nous sommes considérés avoir de la fibromyalgie à partir de 11 points gâchettes.

Elle me regarde et relit mon dossier, « Vous étiez venue pour des douleurs, il y a 8 ans, c'était déjà cette maladie… », me dit-elle. Imaginez la perplexité et la colère que je ressentais quand on ne m'avait pas crue sur les douleurs qui m'affectaient depuis tant d'années…

Malgré tout, je suis ressortie soulagée, car j'étais enfin comprise dans la souffrance de mon corps, je pouvais mettre un nom sur les douleurs que je supporte depuis 20 ans…

Il faut maintenant que j'accepte cette maladie et que je me fasse porte-parole de ce mal invisible. J'ai intégré l'association de ma commune sur la Fibromyalgie en y étant membre actif dans le conseil d'administration.

J'ai fait les démarches pour avoir la reconnaissance de travailleur handicapé et accepter d'avoir la carte de CMI (Carte Mobilité Inclusion).
Cette carte permet d'être prioritaire aux places assises dans les transports publics, ainsi que le droit de s'assoir dans les salles d'attente pour le possesseur et l'accompagnant et également dans les files d'attente dans les lieux accueillant du public.

Il faut l'accepter… Pas facile non plus quand on a été une sportive accomplie…
Je vous parle de ce thème qui me tient à cœur, car j'en ai aussi rêvé, un songe très rapide et lourd de sens.

****

Mon rêve :

Je suis avec mes nouvelles collègues, on monte des marches et je les regarde.
Je prends ma respiration et je leur dis : « Je suis reconnue travailleur handicapé ».
Aucune réaction de leur part.

****

J'ai intégré mon nouvel emploi depuis peu. Par moment, mes mains ne répondent pas correctement et j'ai du mal à maîtriser ma souris d'ordinateur et à pointer les éléments voulus sur la barre des tâches.

Une de mes collègues me dit « Beh, tu fais quoi ? » voyant ma gymnastique manuelle. Je me suis sentie obligée de me justifier rapidement, je leur ai dit que j'avais un souci de santé et que j'étais

reconnue comme travailleur handicapé. Que par moment mon corps ne répondait pas toujours comme je le voulais.
Malgré ce handicap, jamais je ne me suis mise en arrêt maladie, et je me levais tous les jours malgré un corps endolori.
Mon rêve me prévenait…

Il est essentiel de rappeler que chaque force peut s'avérer être une faiblesse dans certaines circonstances et que chaque fragilité peut se révéler être un formidable atout.

.5. Mon ex-mari

Mon rêve :

Il s'approche de moi d'un pas langoureux, il me dévisage. C'est un regard chaud, rempli d'envie... Il pose sa main sur mon visage, ma taille, ...

Je reste figée, stoïque...Je ne veux pas qu'il s'approche, qu'il me touche...

Cet individu, c'est l'homme avec qui j'aurai dû finir ma vie... Mon ex-mari.

Il revient vers moi d'un pas assuré alors qu'il ne l'est pas dans la vie. Il insiste, je le repousse... « Ne me touche plus, ne me regarde plus, n'ose même plus avoir le moindre ressenti envers moi» ...

****

Oh ce réveil, quel conflit intérieur... Quel sentiment d'amertume.

Cet homme, que je connais depuis 26 ans, m'a fait passer de l'amour à la haine. Comment pouvons-nous en arriver à ces ressentis si ambivalents ?

Cette sensation, on la nomme aussi rancœur. Ce sentiment de colère, cette indignation, ce ressentiment, cette révolte, cette tristesse, cette intolérance et ce refus d'accepter ce qui nous arrive, car on juge cela inacceptable et injuste.

C'est négatif et isole celui qui la ressent.

C'est pourquoi elle est toxique et nous consume petit à petit, car elle empêche de pardonner et d'exprimer clairement sa colère.

Comment peut-on passer, en quelques jours, de l'amour à la haine ? La passion qui nous habite lorsque l'on est amoureux, peut parfois se révéler destructrice, jusqu'à se transformer en une haine réelle pour la personne qui nous rendait autrefois heureux.

Pourtant, depuis bientôt 2 ans, j'ai réussi à avancer dans ma guérison. J'ai retrouvé un travail, j'ai réussi à avoir une location neuve qui permet de bien loger mes enfants, j'ai mon petit ami, je m'en sors...

Mais cet homme m'a blessée au plus profond de moi. Pas sur le fait de ne plus m'aimer, les sentiments peuvent disparaître ou s'amoindrir, je peux le concevoir.

Ce que je regrette, c'est qu'il n'ait pas eu le courage de m'affronter pour gérer la problématique, si l'amour avait encore été présent, on aurait pu trouver une solution !

Mais ma profonde blessure, c'est qu'il m'a laissé à un tournant de ma vie. Je venais de laisser un travail pour cette reconversion que j'attendais depuis tant d'années.

Je lui avais laissé cette opportunité de changement quand il a rejoint les compagnons du devoir, au point de me mettre de côté pour gérer le quotidien sans lui, afin qu'il y arrive.

Sa décision soudaine et incroyable a fait qu'il me laissait sans travail et que devenais quelqu'un de précaire. Moi qui avais toujours tout géré, je me retrouvais face à mon destin.

Une course effrénée avec les divers organismes sociaux. J'ai contacté une assistante sociale pour trouver les meilleures solutions afin de ne pas me retrouver à la rue avec mes enfants. J'ai pleuré à la Mairie une place en foyer logement, je me suis mise à nue sur mes revenus, ma vie, mes ressentis. Quelle dégringolade !!!

J'apprenais, par le biais de mes enfants, qu'il profitait de sorties avec ses soi-disant amis, qu'il « draguait » sur les sites de rencontre, qu'il pratiquait son sport plusieurs fois par semaine, alors que moi, je me saignais à m'occuper de nos enfants, trouver un travail, survivre, …

Comment ne pas être indignée, triste, révoltée ?

Cette colère, cette tristesse, je la ressens encore. Il n'est pas facile de pardonner à la personne en qui on avait le plus confiance.

Que peut me révéler mon rêve ?

Rêver de son ex, signifie que votre comportement se répète, ce rêve doit être pris comme un avertissement, qu'elles ont été vos erreurs avec votre ex ? Qu'elles sont les circonstances qui ont causé la rupture, mais votre ex était-il vraiment celui que vous attendiez ? Quoi qu'il soit il serait judicieux de prendre le positif de votre ancienne relation pour l'intégrer à la nouvelle.

=> Une chose me vient à l'esprit quand je vois la conclusion dans l'analyse de rêver de son ex. Cette question : « votre ex était-il vraiment celui que vous attendiez ? », après ces deux dernières années passées, je pense qu'il y avait certes des complicités fortes avec lui, mais y avait-il réellement cet amour vrai ?

Les circonstances qui ont causés notre rupture sont claires, le dialogue était unilatéral. J'étais face à quelqu'un d'introverti, jamais je n'ai réellement connu ses pensées, le fond de son âme...

=> Ce que j'intègre désormais à ma nouvelle relation, c'est cet échange permanent sur nos ressentis, nos besoins, notre avenir, ...

Rêver de fuir quelqu'un que vous connaissez en songe révèle que vous fuyez vos engagements vis-à-vis de cette même personne.

=>Je le fuis, je ne veux plus d'engagement, c'est acté par la dissolution de notre mariage qui aura duré tout de même presque 18 ans. Le seul lien qui nous restera sera celui de nos enfants.

Que faire de tout cela ? Une chose qu'il faut que j''intègre...il va falloir se détacher de cette rancune pour me permettre d'avancer.

Désormais, il va falloir que je me débarrasse de ce poids, ce goût amer. J'ai trouvé quelques règles simples sur Internet :

- Reconnaître sa colère, sa tristesse et son désir de vengeance ;
- Accepter cette émotion négative ;
- Pardonner l'auteur de l'événement douloureux ;
- Vivre avec sa colère.

Ce travail psychologique personnel peut s'effectuer seul, ou bien avec l'aide d'un psychologue, d'un thérapeute, afin de prendre du recul sur son ressentiment, et surtout d'entamer un processus de pardon. Pour être honnête, il faut du temps…

.6. Grossir

Le poids, synonyme pour beaucoup du chiffre qui s'affiche sur la balance.

Est-ce qu'un poids correct représente un beau corps, et quel est le poids idéal ?

Que signifie-t-il ? Doit-il définir notre enveloppe corporelle ? Ce chiffre nous qualifie-t-il de gros, maigre, svelte, en forme, squelettique aux yeux des autres ?

Il y a plusieurs notions de poids. Il existe inexorablement le poids du corps, mais n'oublions pas aussi le poids des émotions, le poids de la culpabilité, le poids des responsabilités, le poids des regrets et encore plus le poids d'un secret, …
Cette notion de poids pèse… De toutes les façons, en fin de compte…

Je vais vous parler de celui qui se chiffre sur la balance. Celui qui nous catalogue. Celui que l'on voit apparaitre et qui peut vous rendre heureux pour la journée, ou bien vous démoraliser.

Pourtant, la balance ne peut pas avoir raison et se limiter à un chiffre quel qu'il soit, car chaque être est singulier du fait de sa morphologie, de sa génétique, de son mode de vie, de son histoire, et celui-ci rend unique chaque personne. Or, la balance ne perçoit pas cette complexité, elle réduit l'être à un tas de kilos !

Pourquoi est-ce si dur d'accepter ce chiffre ?

Nous sommes tous confrontés à ce regard de l'autre sur ce corps qui est le nôtre. Il n'est pas toujours facile de l'accepter, le dorloter, le sublimer…

Pour ma part, je suis complexée depuis plusieurs années. Je ne suis jamais rentrée dans les courbes basses du carnet de santé ! Je suis devenue une femme avec des formes.

Au cours de la vie, le corps s'adapte à de nombreux bouleversements.

La puberté où le corps change de façon déconcertante, les courbes s'affirment. Les seins, les hanches, les fesses préoccupent les pensées des adolescentes. Jeune femme ! il faut commencer à accepter cette métamorphose.

Il viendra le moment où la vie nous fera devenir maman, le corps prendra une forme que seules, nous les femmes, peuvent ressentir. Il implique des kilos en plus, des traces sur la peau, des changements qui marqueront notre chair.

Après ce bel événement, l'élasticité de notre épiderme ne sera plus le même. Il faudra se faire une raison d'avoir perdu la taille de nos 16 ans.

Nous sommes confrontées à des bouleversements hormonaux qui nous font jouer au yoyo du poids et du tour de hanches.

En plus de tous les changements physiologiques, il y a les traumatismes psychologiques. Ceux qui marquent de façon invisible, mais qui ont un impact fort dans la construction de son estime de soi.

Pour ma part, jeune fille, on m'a surnommée pendant quelques années dans mon quartier « Mammouth », sobriquet très difficile à entendre… Avec le recul, quand je regarde les photos de mon enfance, j'étais plutôt de corpulence « normale ». J'étais juste une gymnaste avec un muscle de la cuisse plus développé, dû aux entrainements.

Notre corps n'est que l'enveloppe de notre âme, mais elle est celle que l'on voit en premier. Beaucoup s'y arrête, quel dommage !

****

Mon rêve :

Pourquoi me regarde-t'on avec insistance ?

Soudain, une personne s'arrête et m'interpelle : « Tu as grossi, tu as grossi, tu as grossi » ….

Elle n'en finit pas, elle ne dit que cela…

****

Comment réagir ? Je dois me regarder tout de suite dans mon miroir ? Sauter sur ma balance ?

Mon image, si dure à construire depuis tant d'années…

Mon père, Pervers Narcissique Manipulateur, qui est imbu de sa personne, nous a mis, ma mère, mes sœurs et moi-même, face à une représentation de nous totalement déformée.

Son dénigrement de malade a consisté à détruire notre image, la dévaloriser pour que cela nourrisse son égo.

Combien de fois son regard était jugeant, il était toujours à dire que j'avais bon appétit, que j'ai été mise au régime à 2 ans ou au contraire, il se faisait un malin plaisir de dire aux autres à maintes reprises et de façon exagérée : « *Elles sont belles mes filles* », ces personnes n'auraient jamais dit « *Non* ». C'était malsain, pas serein pour nous et nous faisait douter de ce qu'il disait.

Se construire avec une image tronquée, il n'est pas facile de grandir avec.

Pour ma part, j'ai grandi avec cette image de petite fille costaude. Adolescente, j'ai pourtant eu des conquêtes, on m'a dit jolie, mais au fond je me voyais toujours « grosse ».

J'ai rencontré mon ex-mari, j'ai pris du poids dû à mes 3 grossesses, mais j'ai toujours fait attention à mon alimentation et je pratiquais mon sport qui me permettait de garder plus ou moins la ligne. Je n'ai jamais changé de taille de pantalon en 25 ans. Une taille normale pourrait-on dire, un bon 40.

Il y a deux ans, quand mon ex-mari m'a laissé du jour au lendemain, j'ai perdu en quatre mois, quinze kilos. Je me retrouve aujourd'hui avec un corps que je n'ai jamais eu. Il me plait, mais il m'a fallu du temps pour voir ce qu'il reflète vraiment. Je me suis retrouvée profondément choquée quand une vendeuse m'a donné un 36 en taille de pantalon.

J'ai 45 ans et je suis toujours obsédée par cette image de poids. Ma balance me permet de contrôler. J'aimerai qu'elle devienne moins obsessionnelle…

Comme quoi, ce qu'on vit enfant, traumatise longtemps.

Que me révèle le dictionnaire des rêves ?

Rêver d'avoir grossi : une forte personnalité.

Rêver d'avoir grossi prouve que vous êtes solitaire, vif, assidu, intuitif, inventif, vous être très fier de votre différence. Constamment prêt à faire des expériences singulières, vous ne vous pliez rarement aux règles qui ne sont pas les vôtres.

Vous vous voulez souvent abordable, vivant, serviable, décontracté, mais vous aimez beaucoup l'ambiguïté et la complexité dans vos rapports aux autres.

Rêver d'avoir grossi révèle que vous êtes idéaliste de nature, vous aspirez à bouleverser les personnes, les éléments, la société avec vos idées personnelles, que vous communiquez très facilement.

Vous avez besoin de vivacité dans votre vie. Vous ressentez le besoin de vous captiver pour quelque chose : la vivacité, la rébellion, des créations ou sur un plan plus ésotérique, la recherche de votre vérité, de votre vie privée.

Franc, insouciant, vous avez le sens de l'amitié et de l'entraide.

Rêver d'avoir grossi révèle que vous êtes attiré par la philosophie, les sciences humaines et l'ésotérisme ou bien par la cohérence, la mécanique et le savoir-faire.

Rêver d'avoir grossi signifie que vous subissez des soucis de santé. Cela ne veut pas forcément dire que vous souffrez d'une très grave maladie. Votre inconscient vous met en garde de faire attention à votre santé.

Cela peut être des douleurs qui vous paraissent futilité comme un mal de genoux, un mal de tête récalcitrant, des difficultés à vous souvenir de certains détails… ce sont potentiellement les symptômes d'un mal plus profond. Il est sans doute temps de faire un check-up complet.

Rêver d'avoir grossi révèle que vous avez spontanément tendance à faire passer vos amis avant votre personne. Vous vous sentez bien quand vos amis sont aux anges. Vous avez tendance à vous vous faire passer au second plan et à ne pas exprimer vos envies.

Petit à petit, sans vous en rendre compte, vous avez amoncelé de la tristesse. Ce poids que vous portez en vous a besoin d'être libéré.

Rêver d'avoir grossi révèle qu'avant de commencer à bosser vous devez d'abord dompter votre capacité de concentration. Absorbé par diverses pensées, vous avez des difficultés à vous focaliser dès le début sur votre tâche.

Nerveux, spontané, une fois lancé on ne peut plus vous arrêter. Plus que le gain, c'est votre amour pour votre boulot qui vous motive le plus. Peu académique, renversant, émotif, vous êtes à la poursuite de projets insolites qui embelliraient votre boulot. Dès que vous en dénicherez un, vous étonnez par des capacités inimaginables.

Rêver d'avoir grossi révèle que vous êtes un associé bienveillant et compétent. Vous êtes attentif dans les 2 sens.

En premier lieu parce que vous prêtez attention à la personnalité de vos collègues. Vous avez envie d'échanger.

Cela dit, vous êtes humain, vif et transparent, ce qui vous rend agréable aux yeux de la plupart. Rêver d'avoir grossi signifie que vous adorez seconder, en particulier les personnes qui en ont besoin. Vous vous mettez régulièrement à l'écart des conflits, mais si on essaye de vous dompter ou de vous mépriser, vous savez vous faire entendre !

=> Je suis surprise de cette interprétation, on dirait qu'elle a été faite pour moi. C'est exactement ma façon d'être, je suis même abasourdie par une telle analyse. Vous me connaissez désormais !

On dit « *Il ne faut pas perdre son temps à courir derrière le poids idéal « en kgs » mais plutôt rechercher le poids d'équilibre* ».

Je pense que cette phrase pourrait relativement être utilisée pour les notions de poids que j'énumérai, c'est-à-dire : le poids des émotions, le poids de la culpabilité, le poids des responsabilités, le poids des regrets et encore plus le poids d'un secret, … Il suffit de remplacer par « en kgs » par la notion…

.7. Mon livre

Mon rêve :

Je suis face à 3 écrivains, ils viennent dédicacer leurs livres.

Je suis fière d'être devant eux.

Vais-je oser leur dire que moi aussi, j'écris ? J'aimerais pouvoir entrer en contact avec eux, avoir leur avis.

Je reconnais l'une d'eux, elle est conseillère en Bonheur, Formatrice et Conférencière. J'ai lu son livre, je sais qu'elle est originaire de la ville où je suis née et le hasard fait qu'elle vit aujourd'hui dans la commune où j'habite.
C'est une ancienne éducatrice spécialisée en IME qui a subi de la part d'un de ces résidents, une agression. De ce traumatisme, elle a éprouvé le besoin de l'écrire, le besoin d'en parler. De cette histoire, aujourd'hui, elle veut parler du bonheur, rappeler qu'il est à la portée de tous, quelques situations que l'on vive…

J'arrive devant elle, on échange un sourire et j'ose lui dire, que moi aussi, j'aime aligner des mots, des phrases sur du papier, créer des chapitres et en finalité, éditer un livre. Lui dire que, moi aussi, j'aspire à trouver une raison à mes écrits…

****

Mon réveil se fait entendre… Elle n'a pas eu le temps de me dire si elle consentait à me donner son avis. C'est bien dommage !!

La vie est faite de rencontre et celle-ci, même dans le monde du songe, n'a pas pu avoir lieu.

Pourquoi ce besoin d'écrire ? Oser mettre sur le papier des mots qui feront parler, des mots qui feront réfléchir, des mots qui allègeront le poids de l'âme, de la vie…

Coucher sur le papier ses états d'esprit, ses questionnements, risquer à raconter son vécu… Pourquoi ?

Simplement pour avancer…C'est une invitation à reconsidérer sa vie…

C'est peut-être aussi pour partager des expériences difficiles et raconter comment, eh bien oui, comment il est possible de les surmonter.

Pour ma part, je n'attends pas de reconnaissance, juste un besoin de pouvoir échanger à la suite de la lecture de mon livre.

Aider, guider mes semblables, oser parler, oser avancer, oser se confier, ce qui n'est pas facile dans notre monde actuel, nous vivons dans un univers relativement égoïste …

Ma passion des mots existe depuis toute petite. J'écrivais des poèmes. J'étais très timide, cela me permettait d'exprimer ce que je ressentais, mais que je ne pouvais pas formuler à voix haute. Ma vie d'enfant, d'adolescente, d'adulte m'a permis d'emmagasiner de belles et mauvaises expériences, celles-ci forgent, elles permettent d'être la personne que je suis aujourd'hui.
Je me suis promis d'écrire, de laisser une trace de mon vécu. C'est un très bon exutoire, une bonne thérapie. Cela devient addictif, comme une drogue, aligner les phrases, leur donner un sens.

Ecrire a été une façon de m'aider, permettre de comprendre, d'analyser, prendre du recul, déposer mes maux...
Ce que j'apprécie également, c'est le retour que l'on peut faire de la lecture. Dans chaque écrit, on a toujours une part de nous qui se reflète. Ce livre peut aider, faire avancer la personne qui le lit, c'est souvent un pas vers une envie de changer, de se libérer de certains fardeaux.

Et une chose, quand on écrit, on ne pense pas au reste. L'écriture éloigne un peu les pensées noires et soulage souvent d'un certain poids.

Peut-on parler d'écriture thérapeutique ? Oui, quand cela permet de faire appel à notre réflexion et ainsi comprendre certains de nos blocages parfois inconscients.

Mon rêve est -il le reflet de ce que j'aimerai ?

Rêver d'être un auteur symbolise le besoin d'exprimer clairement ses idées et ses attentes. Rêver de voir un auteur célèbre indique que vous débordez d'énergie créatrice, mais vous ne savez pas comment la canaliser.

=> Une belle analyse de ma vie actuelle. Après 2 ans de séparation, j'ai appris à vivre seule. Elever mes enfants, supporter les aléas de la vie. Par moment, tomber, mais toujours me relever… Oui, je déborde d'énergie créatrice, j'aime écrire, j'aime trouver le moyen d'enjoliver ma vie, celle de mes enfants, de mon entourage… Trouver les petites attentions qui font plaisir.
Les canaliser, il va falloir que j'apprenne. Il n'est pas toujours facile de trouver le juste milieu. Par moment, je puise sur mon énergie.

Les livres vus dans votre rêve symbolisent la sagesse, l'intelligence, la connaissance et l'information. Les livres indiquent le calme et le rythme régulier de vos actions.

=> Je ne sais pas si ces adjectifs me sont autorisés. Je pense qu'aujourd'hui, j'ai appris de mes quarante ans passés.

J'ai appris la sagesse, même si parfois je suis imprudente.
J'ai appris à devenir intelligente, même si parfois je ne sais pas.

J'ai appris la connaissance, même si parfois j'apprends encore.
J'ai appris à m'informer, même si parfois je n'ai pas envie.

     Les livres indiquent le calme et le rythme de mes actions. Il est vrai qu'aujourd'hui, après tous mes péripéties de vie, j'analyse beaucoup ce qu'il m'arrive au fil du temps. Je prends le temps de savoir si mon agissement sera le bon.
Il est vrai que cela peut réduire le rythme de mes décisions, mais j'ai besoin de savoir si je ne me trompe pas, peser le pour et le contre.

     Une chose est sûre, quand l'envie vous prend d'écrire vos émotions, vos maux, n'hésitez pas ! Prenez un crayon, un papier, ouvrez votre ordinateur sur un fichier texte et étalez vos mots.

Les mots soignent les maux…
Les lignes nous rendent digne…
Les pages nous rendent plus sage…
Les livres, par leur contenu, nous délivre…

     J'étais une enfant pas très douée en Français. Durant mon cursus scolaire, certains professeurs l'avaient souligné dans leurs commentaires dans mes bulletins scolaires. Ne vous focalisez pas sur ce que l'on pourrait dire de vous. Il faut savoir par moment, tordre les préjugés, prouver qu'au fond, ils se trompent.

     Pour ma part, l'écriture est mon libérateur de paroles.

.8. Les étoiles

« *Le ciel en nuit, s'est déplié, et la lune semble veiller...* »
écrivait le poète Emile Verhaeren.

Une jolie phrase pour commencer à décrypter l'un de mes rêves.
Qui n'a pas passé du temps à observer, allongé sur une couverture étendue sur la pelouse, la voute céleste un soir d'été.
Compter les étoiles, les constellations, les planètes, les satellites, les avions qui clignotent dans la nuit.

Nous sommes tellement petit face à cet univers. C'est à la fois fascinant et non maitrisable que nous devrions être humble face à cette puissance.

La nuit, on redécouvre la magie du ciel...

D'un autre point de vue, quand on parle des étoiles, on se réfère aussi à nos défunts, ceux partis trop tôt, ceux qui ont comptés dans notre vie. On les imagine monter au ciel, se positionner en lumière dans ce ciel scintillant. C'est aussi une manière de penser à eux quand on prend le temps de lever la tête.
C'est quoi une étoile, d'ailleurs ? Outre un point lumineux visible la nuit dans le ciel, une étoile est un corps céleste au sein duquel ont lieu des réactions dites de fusions nucléaires.
Ce sont ces réactions qui libèrent de l'énergie sous forme de photons, et donc de lumière.

Ce petit point lumineux est plutôt bien complexe en fait !

Et alors une étoile filante ? En fait, ce n'est pas une étoile… C'est un météore qui va de la taille d'une poussière à celle d'un petit rocher qui pénètre dans l'atmosphère à grande vitesse et s'échauffe par frottement dans l'air.

Les étoiles, la nuit sont propices aux rêves…

****

Mon rêve :

Je me promène sous un ciel étoilé, ma sœur cadette me rejoint sur un sentier qui mène vers le lac. Il fait beau, nous admirons cette voute céleste.

On aperçoit une étoile filante, puis deux, puis trois, puis quatre…On se dit que l'on va pouvoir faire pleins de vœux.

On observe d'un œil curieux et amusé. Les étoiles filantes cessent.

On lève la tête et soudain une pluie d'étoiles tombent par milliers, comme une giboulée...

C'était aussi beau qu'inquiétant…

****

Comment interpréter ce rêve ? Je m'en suis souvenue dès mon réveil, il avait un coté féérique, un coté envoutant, un brin magique…

Il me semblait important qu'il fasse partie d'un chapitre. Mes nuits sont peuplées de rêves, mais certains restent plus imprégnés dans ma mémoire, ils me parlent…

Celui-ci m'a interpellé sur sa clarté, la luminosité des étoiles, une scène qui semblait si réelle. Le réalisme du moment est troublant.

Le rêve est un message de notre inconscient d'autant plus important qu'il frappe notre mémoire. Faire interpréter ses rêves, c'est se pencher sur cette part obscure et importante de nous-mêmes.
D'après une étude, l'inconscient représente presque 90% de notre personnalité, plus nous sommes attentifs à ses messages, et plus nous sommes en accord avec nous-mêmes, plus notre intelligence accroît son champ des possibles.

Analysons ce rêve et ce qui m'a le plus bouleversé : cette pluie scintillante…

Rêver de pluie d'étoiles : une remise en question.
Rêver de pluie d'étoiles souligne un souci de santé. Ce souci peut concerner un membre de votre entourage, de votre famille ou bien vous-même. Ce n'est pas automatiquement un souci grave, mais assez visible pour engendrer une inquiétude. Ce problème peut être dû à une hygiène de vie pas très exemplaire. Vous allez devoir faire preuve de constance et de soutien dans cette épreuve. Cela vous aidera à réaliser de la fugacité de la vie et de l'importance de profiter de chaque minute.
Rêver de pluie d'étoiles va également indiquer qu'un accident va arriver. Vous vous sentez un peu faible à l'heure actuelle. Vous ne vous nourrissez pas souvent très bien. Une cure de minéraux semble tout indiquée. Prévenant et aimable avec les

personnes qui vous entourent, il est temps que vous pensiez à vous. Assumer son corps est indispensable pour le développement personnel et le bien-être général.

Rêver de pluie d'étoiles : un conflit interne.
Rêver de pluie d'étoiles est un signe de menace cachée. Vous ne voyez pas clairement d'où elle survient, mais vous avez compris que quelque chose se prépare. C'est votre sixième sens qui le dit. Cela va être lié à une situation de conflit inavoué où les ressentis se renforcent progressivement. Cette situation finira par exploser et fera des dégâts, il est temps de prendre vos responsabilités et de calmer la situation. Il s'agit d'être le plus judicieux possible.
Rêver de pluie d'étoiles va également montrer que vous dénigrez une situation. Vous ne prenez pas la mesure de cette menace. Vous vous dîtes qu'elle est minime et ne prenez même pas la peine de la considérer. Cela pourrait se retourner contre vous et vous pourriez être le grand perdant de cette histoire. Rêver de pluie d'étoiles indique qu'il faudra que vous prêtiez plus attention aux choses et aux gens qui vous entourent.

Rêver de pluie d'étoiles : une résistance à toute épreuve.
Rêver de pluie d'étoiles veut dire qu'en affaire, vous êtes réaliste et ambitieux. Votre passion est d'acheter, plus pour l'impression de posséder, d'avoir un pouvoir social, que pour vivre sans problème. Méticuleux, prévoyant et expressif, vous vous battez pour préserver vos intérêts. Dans une transaction, vous examinez les enjeux à leur juste mesure, et traitez l'affaire judicieusement. Vous évitez de mêler les émotions qui risqueraient de bouleverser votre jugement. Rêver de pluie d'étoiles indique également qu'avec vos supérieurs vous êtes appliqué, mais aussi solide. Vous êtes prêt à prendre de grandes responsabilités vis-à-vis de vos responsables. Avec eux uniquement, vous avez le sens du défi. Mais vous leur demandez, en retour, certaines compensations. Autrement, vous demeurez

fermé aux ordres. Vous adorez faire les choses à votre façon et pouvez être très entêté quand vous en avez envie.

=> A chaque résultat de mes recherches, je reste toujours surprise que cela relève autant mon état d'esprit ou ma façon d'être du moment.
Si on résume l'analyse, oui, je suis toujours à me remettre en question, je suis toujours avec un conflit intérieur et je suis d'une résistance à toute épreuve…

Il faut que j'accepte d'avoir un peu d'estime de moi, d'avancer dans mes projets, de prendre soin de mon enveloppe et de l'aimer un peu. C'est vrai que la vie est éphémère et qu'il faut profiter de chaque minute qu'elle nous accorde.

On me parle aussi de sixième sens, la capacité à comprendre la cause-à-effet subtil derrière de nombreux événements, ce qui est au-delà de la compréhension de l'intelligence. Je l'ai développé par mon expérience de vie, je ressens les personnes, les évènements, je prends un certain recul qui me permet d'analyser, de me protéger, d'aider. Je dois me laisser guider par mes ressentis qui s'avèrent justes.

Qu'est-ce qui fait ma force ? La résistance…
La résistance est une forme de lutte qui consiste à s'opposer, à faire barrage, à se fermer à une agression ou à ce qui peut être vécu comme tel. La force de résistance exige de l'endurance physique et psychique, ainsi que la capacité à ne pas se laisser déborder par ses émotions.

La résistance est l'action de résister. Sûrement mon côté un peu rebelle.

Il faut trouver l'équilibre, certaines personnes rentrent dans votre vie, vous font baisser les armes et vous guident.

Il n'y a pas de hasard dans les rencontres, que ce soit dans nos amitiés, dans nos amours, dans nos relations diverses, on se guide tous mutuellement, l'objectif étant de trouver le meilleur de soi-même pour apaiser notre âme…

.9. Projet d'achat

Oser, oser affronter son présent et faire confiance en son avenir.

Je vais commencer ce chapitre avec cette affirmation positive. Je suis dans ce cheminement de vie, dans ce tournant. J'ai envie d'avancer malgré mes peurs, mes angoisses.

Cela fait 2 ans, jour pour jour, que je suis séparée de mon ex-mari. Mon divorce est prononcé depuis 6 mois. J'ai reconstruit ma vie petit à petit, j'ai renforcé les fondations et je rebâtis des murs plus solides au fur du temps qui passe.

Dans mon premier livre sur les rêves, j'ai terminé celui-ci par le chapitre sur « Ma conclusion / Mon homme - Mon rêve, mon souhait ». Cet homme important, dont je parlais, fait toujours partie de ma vie, bientôt 10 mois que nous apprenons à nous connaître, nous faire confiance, nous dévoiler, nous faire avancer vers de nouveaux objectifs.

C'est mon alter-égo, il me ressemble. Nous avons les mêmes façons d'agir, la même façon d'être, la même indépendance, la même envie d'être heureux simplement. Je suis fragile, il est fort. Il est fragile, je suis forte.

Notre couple fonctionne avec comme moteur la complémentarité, l'alchimie. L'un épaule l'autre, l'un fait avancer l'autre, nous nous élevons mutuellement.

Le seul hic de notre histoire ?? Nous avons chacun la garde de nos enfants. Nous nous voyons très peu, un week-end sur deux permet d'avoir des moments de complicité, des moments importants pour un couple, des moments qu'on aimerait plus longs.

Nous avons commencé à discuter depuis quelques temps sur l'idée de partager un toit commun. Il n'est pas simple de trouver le bon équilibre, le bon compromis.

Mon ami a rénové une ancienne grange il y a 15 ans, une demeure de caractère, il est parti des quatre murs et y a façonné son nid. Il y a mis du temps, de la sueur, de la persévérance et du cœur. C'est une maison où il y fait bon vivre. Elle y accueille ses enfants, ses amis, sa famille, … Cette maison s'est imprégnée de sa vie, d'une histoire. Son histoire…

Pour ma part, j'ai toujours été propriétaire de quelques biens, mais, aujourd'hui, je suis locataire d'une jolie maison neuve. Elle est moderne, bien située, elle répond en tout point au besoin que j'en ai. Elle y accueille mes enfants, mes amis, ma famille, ma vie, mon histoire…

Quelle est la solution la plus adéquate ?

Il me dit que je dois faire comme chez moi quand je suis chez lui. Je sais qu'il le pense, qu'il veuille que je m'y sente bien. Sa maison est accueillante. Ses enfants, sa présence, la chaleur du poêle, ses murs en pierre m'y font ressentir de la sérénité.

Dans un avenir plus ou moins proche, il aurait aimé que j'y pose mes bagages, avec des idées d'agrandissement, du fait d'avoir une famille recomposée avec 5 enfants.

Je lui ai expliqué tout en douceur que sa maison était la sienne, qu'elle était remplie de ses souvenirs, qu'elle avait vu grandir ses enfants, qu'elle avait vu 15 ans de sa vie, 15 ans de ses rires, de ses pleurs, de ses peines, de ses joies. Elle est chargée de son histoire. Même si je m'y sens bien, j'aspire à un lieu libre de ressentis anciens.

La solution ? Trouver un projet commun, une maison ou l'on pourrait écrire notre propre histoire.

Nous nous sommes amusés à sélectionner quelques maisons sur les annonces, des biens pouvant nous correspondre à tous les deux, des maisons de caractère avec de la pierre, une demeure avec son histoire certes, mais pas la nôtre.

De beaux projets pour un couple en construction… Il est bon de rêver…

****

Mon rêve :

Je suis avec mon chéri, cet homme rencontré il y a 10 mois maintenant. Nous sommes conviés à visiter une maison. Nous cherchons un bien qui nous permettra d'avancer à 2, à 7 avec nos enfants.

On arrive devant cette demeure, elle surplombe un lac, elle est magnifique. Elle a ce qu'il faut pour qu'on s'y sente bien. On passe de pièces en pièces, nos regards sont unanimes, nous sommes conquis. C'est cette maison, c'est sûr.

Une fenêtre du salon est au niveau de l'eau du lac, c'est magique, mais une chose m'inquiète.

Je rencontre la voisine et je lui demande comment cela se passe si une crue devait se produire, l'eau rentrerait dans la maison. Elle me dit en me montrant une sorte de digue : « Ne vous inquiétez pas, je gère le débit d'eau par cette écluse, jamais le niveau ne montera ».

La dame du lac veille sur cette maison…

Nous signons la promesse d'achat pour 230 000 €, je dis à mon ami qu'elle rentre dans notre budget commun sans pour autant qu'il vende sa maison…

Tout le monde ressort ravis.

Je reste un instant dans cette maison et je me retrouve avec ma sœur, une feuille de papier se met à voler. Elle me dit qu'un esprit hante cette maison, qu'il faut lui dire de partir !! Je m'exécute en lui disant que cette demeure ne peut plus le recevoir, je sens sa présence disparaître. Ma sœur me dit : « Appelle plutôt ce fantôme, celui-ci est protecteur »

****

Ce rêve est tellement proche de ce que l'on met en place avec mon ami. C'est hallucinant ! Pour la dame du Lac et les spectres, c'est une autre histoire !! Il va falloir l'analyser…

Ce qui m'a touché en me réveillant, c'est le regard échangé lors de la visite de ce bien, il était puissant, il révélait que nous étions sur la même longueur d'onde sur ce choix, on était sûrs…

Dans la vie réelle, j'espère qu'on aura ce même ressenti, cette même alchimie quand on cherchera notre nid commun.

Au vu de mon rêve, je pense que je suis prête à avancer, oser, faire confiance en mon avenir. Mon ami, ses enfants, mes enfants, tout le monde était là. L'eau représente un danger, mais elle est régulée pour ne pas se retrouver noyés. Je chasse les mauvais fantômes par de la protection…
Mon analyse personnelle est plutôt positive, une envie de renouveau, croire en mes ou nos projets…
Comment interpréter ce rêve aux multiples facettes ?

Rêver de maison correspond à un besoin de sécurisation du moi. Ce sont aussi les besoins fondamentaux qui se traduisent dans ce type de rêve. La famille, les enfants, le conjoint ou la conjointe sont souvent convoqués dans ces rêves. Ils symbolisent le havre de paix dont on a besoin pour affronter les vicissitudes de la vie.

=> Un havre de paix, oh oui, qu'il est bon de savoir qu'il y a espoir d'y trouver ce sentiment. Se sentir enfin sereine, épaulée par celui qu'on aime. Continuer d'élever chacun nos enfants, mais avec l'intelligence de savoir garder nos espaces, mais aussi leurs places.

Rêver d'être propriétaire d'une maison : vous atteindrez la richesse grâce à vos efforts acharnés.

=> De quelle richesse parlons-nous ? Je n'y vois pas le côté pécunier. J'y vois plutôt la richesse intérieure, la richesse de l'esprit, l'écoute, le partage, la sérénité, le besoin d'apaisement. Être en paix avec soi-même.

Rêver d'une très grande maison signale une évolution positive dans votre existence ou dans votre état d'esprit.

=> Il en a fallu du temps pour que je m'apaise. Il y a encore des moments difficiles, mais malgré les obstacles de ma vie, j'ai toujours gardé mon optimisme. J'ai le droit aujourd'hui d'être heureuse, prétendre enfin vivre ma vie pleinement, en tant que femme, en tant que mère.

Rêver d'un lac est souvent le signe d'une vie paisible, à condition que le lac soit calme. Si vous voyez une surface de lac calme, cela représente une vie insouciante et heureuse.

=> Ma vie n'aspire qu'à être paisible « Dans mon rêve, le lac était calme. Je me suis souciée d'aller voir cette voisine, cette femme qui régulait le débit de ce lac ». Je me plais à savoir que quelqu'un veuille sur moi et ma famille, que cette personne réelle ou irréelle puisse m'aider à trouver la quiétude de ce que tout le monde attend, la sérénité et la douceur de vivre.

Chez un adulte, les rêves de fantômes peuvent signifier que le processus de résurgence est en cours, que le rêveur est maintenant en mesure d'affronter ses fantômes et ses terreurs.

=> Pour braver ses peurs, il faut être prêt à oser. Ma vie a été peuplée de boulets, de douleurs, ... Il a fallu s'en débarrasser, les ôter petit à petit, les combattre. Il est beaucoup plus facile de s'en détacher quand le chemin de vie est plus limpide, qu'on y trouve un réel objectif. Dans ce rêve, un fantôme protecteur est venu remplacer un esprit tyrannique. C'est au fond une belle conclusion de ce chapitre.
Il faut faire de nos peurs un moteur. Il faut croire en soi. Nous sommes les personnes que nous méritons d'être.

"Il n'est jamais trop tard pour être ce que l'on aurait pu être."
-George Elliot-

.10. Rêve prémonitoire

Les rêves prémonitoires : cette énigmatique connaissance des événements futurs.

On distingue 7 grands types de rêves prémonitoires :

- L'auto-prémonition de maladie ou de mort.
- Les prémonitions de maladies ou de morts d'autres personnes que soi.
- Les prémonitions d'événements importants n'impliquant pas la mort.
- Les prémonitions d'incidents insignifiants et pratiquement inutiles.
- Les prémonitions météorologiques.
- Les prémonitions qui sauvent.
- Les prémonitions qui déterminent l'accident possible.

Peut-on parler de coïncidence, de hasard ? Il est vrai qu'aujourd'hui, la communauté scientifique conteste l'existence du rêve prémonitoire. Il est estimé qu'un lien entre un rêve et un événement survenu dans le futur ne prouve en rien que le rêve ait anticipé l'événement. Le concept va à l'encontre des connaissances actuelles du temps et de la relativité. La première hypothèse retenue pour expliquer l'impression qu'ont des milliers de gens chaque année, est la coïncidence.

Ou est-ce de l'autosuggestion ? Cette action de se convaincre soi-même de quelque chose. Le rêveur mettrait donc tout en œuvre, de façon inconsciente, pour reproduire la scène ou l'événement qu'il a visualisé.

Ou bien encore de l'intuition ? C'est ce phénomène étrange qui se produit dans le cerveau et qui aide à faire des choix. Sans raison particulière, c'est s'orienter vers une solution plutôt qu'une autre, uniquement parce que vous sentez que c'est le bon chemin à prendre. Certaines la décrivent plutôt comme une sorte de sixième sens,

Pour ma part, je prendrais un peu des trois, la coïncidence, l'autosuggestion et l'intuition !

Au chapitre précédent, je vous parlais de mon rêve d'achat de maison…. Un rêve qui m'avait secouée par le regard échangé avec mon ami, celui qui disait « Oui », le bien idéal pour notre vie de famille reconstituée. Ce rêve, je l'ai fait le mardi 3 février.

Depuis quelques temps, nous recevons, mon ami et moi, différentes annonces immobilières, on recherche un bien commun sans forcément se précipiter.

Je suis partie quelques jours en formation pour mon travail dans le sud. Le jeudi 11 février dans ma chambre d'hôtel, je regarde mes mails et l'une des annonces immobilières attire mon attention, une longère réhabilitée avec un potentiel vraiment exceptionnel. Je m'empresse d'envoyer cette annonce à mon ami.

Il me dit « Il faut aller la voir, c'est tout à fait pour nous, elle nous ressemble, il ne faudrait pas qu'elle nous passe sous le nez ». Je me hâte d'envoyer un mail à l'agent immobilier pour leur faire savoir que nous sommes intéressés.

Le vendredi 12 février, l'agent m'appelle pour une visite le lendemain à midi.

Nous arrivons devant cette longère, une bâtisse de caractère avec de la pierre, elle en impose par sa stature. Des dépendances sur le terrain, un intérieur rempli de chaleur, une sensation de bien-être nous conforte dans notre choix.

Nous échangeons un regard avec mon ami, le même que dans mon rêve. C'est évident, cette maison doit être la nôtre. Nous sortons sur l'arrière de la maison, l'agent nous décrit l'extérieur : 4200 m² de terrain, des arbres, un jardin, un kiosque, un puit desservi par un ruisseau et un petit étang.

La maison de mon rêve, les pierres (elles y sont), le lac (c'est un étang, je l'admets), la dame du lac qui régule le débit d'eau (son puit, son ruisseau), le regard…. Une autre similitude à mon songe, le budget pourrait rentrer dans notre simulation de prêt, mon ami n'aurait pas à vendre sa maison….

Dans les grandes lignes, se dresse devant nous la maison de NOS REVES.

Nous avons pris une décision très rapidement, car elle était déjà convoitée par d'autres acquéreurs, la promesse d'achat fut signée le soir même.

****

Notre premier rendez-vous fut un coup de cœur commun né d'un clic sur un site de rencontre pendant le premier confinement durant la « guerre sanitaire » ...

Notre vie va changer grâce au même coup de cœur commun né d'un clic sur un site d'agence immobilière pendant le couvre-feu.

Juste un clic pour le meilleur ? Pour nous, cela nous, cela s'est révélé profitable.

Notre nouvelle vie devrait être belle, guidée par un rêve prémonitoire.

.11. Intrusion dans ma maison

Qui n'a pas eu peur que sa maison soit cambriolée ? C'est un acte odieux, car on viole l'intimité de ce que l'on a de précieux : le doux nid d'un foyer. On se sent impuissant face à l'incapacité que nous ressentons pour défendre et protéger son habitat.

Toute notre intimité est étalée au grand jour par cette intrusion.

Se faire voler ne suscite pas que des dégâts matériels, cela a aussi un impact psychologique. Plusieurs sentiments et ressentis apparaissent, on viole nos habitudes de vie propre à son foyer, on se sent dépossédé de ce qui nous appartient. En clair, on est face à la perversité des cambrioleurs.

Soigner son corps et son esprit après une telle épreuve se révèle nécessaire.

Je n'ai jamais été victime de cette forme d'agression. J'en remercie mes anges.

Mais il est vrai que l'on m'a volé autre chose de très important à mes yeux : l'insouciance de mon enfance…

****

Mon dernier garçon est très sensible au monde qui l'entoure, en le couchant ce soir, il me dit qu'il a toujours peur que des personnes méchantes pourraient venir dans la maison. Il a 9 ans, il est difficile de lui enlever cette peur primaire. Pourtant, je le rassure en lui rappelant que les portes sont fermées, que je suis là et qu'il peut dormir sereinement.

****

Mon rêve :

Bien emmitouflée dans mon lit, je suis somnolente, soudain, je pressens une présence dans mon salon. J'accours dans celui-ci, la porte d'entrée est ouverte, j'aperçois une voiture bleue stationnée sur le trottoir.

Paniquée, je fais le tour du salon, la télévision est toujours là, mais sur mon buffet, mon ordinateur portable et un appareil photo reflex ont disparu.

****

Les rêves nous indiquent ce qu'il y a derrière une image, la représentation d'un souvenir auquel s'est attachée une interprétation personnelle.

Il s'avère important de lire les définitions des symboles, des objets ou des personnes du songe, de 2 façons différentes : en fonction du vécu et dans le sens général.

Je vais identifier les deux objets qui m'ont été volés dans mon rêve :

Que représente mon ordinateur portable ? Pour moi, c'est un outil important, il renferme une partie de ma vie, j'y conserve mes photos, mes comptes, mes écrits, mes papiers administratifs, mes livres. Imaginer me le faire voler, m'est impensable.

Mais l'ordinateur, c'est aussi une intelligence artificielle qui s'inspire déjà de notre cerveau, il est doté d'une énorme mémoire de stockage, une mémoire vive et une morte, c'est un outil complexe. Notre cerveau a une capacité de stockage proche de celle d'internet, de quoi donner le vertige.

Notre mémoire vive est relative aux fonctions conscientes du cerveau, et notre mémoire morte, aux fonctions inconscientes.

Que représente cet appareil photo reflex ? Pour moi, c'est un matériel que j'affectionne. J'aime écrire, mais j'aime aussi prendre de nombreux clichés, autant de ma famille que des paysages qu'il me semble important d'immortaliser, figer l'instant présent sur le papier.

La photo qui en découle peut compléter une partie de notre cerveau, car elle nous permet de capturer un instant important pour la fixer de manière plus précise, cette image perdurera dans notre mémoire, dans nos souvenirs communs.

Ce sont deux objets que l'on peut rapprocher de nos méninges. C'est une drôle de coïncidence.

Par la force des choses, dans ma vie, j'ai stocké dans un coin de ma tête énormément d'informations, d'évènements, de moments magiques, mais aussi dramatiques.

Comme pour cet ordinateur ou cet appareil photo, certains souvenirs, certains moments, sont à classer dans les différentes mémoires, les garder conscientes ou les calfeutrer dans l'inconscience… Nous avons tous nos propres pensées, notre propre vie, nous avons tous capturé une image, des scènes précises que l'on cherche à transmettre ou à cacher.

En soit, ce que je me suis fait voler dans mon rêve, c'est ma vie, mes pensées, mes souvenirs… Dois-je comprendre que je dois aujourd'hui vivre sans me retourner ?

****

Que signifie le rêve de cambriolage ?

Rêver de s'être fait voler ou cambrioler est forcément vécu comme une intrusion dans l'intimité. Pour autant, il ne s'agit pas toujours d'un rêve à connotation négative. Il peut être lié à un doute, un besoin de changement, un appel à faire le vide en soi pour passer à une autre étape de développement.

=> Actuellement, je suis à un tournant de ma vie amoureuse. Je dois me libérer de cette mémoire morte pour pouvoir vivre pleinement cette nouvelle aventure. Certains événements, certaines images, certains moments sont encore ancrés dans mon cerveau limitant encore mon épanouissement. J'ai besoin de faire table rase de certains faits, sans oublier qu'ils ont engendré la personne que je suis aujourd'hui. Un juste milieu à trouver.

J'ai aussi rêvé d'une voiture bleue, elle est restée bien marquée à mon réveil. Pour votre gouverne, jamais je n'ai eu un véhicule de cette couleur.

Pour Miller, le rêve d'une voiture bleue annonce un nouveau départ et la révélation des talents et capacité, cela peut être le signe que vous allez mettre fin à une chose importante dans votre vie, mais que vous renouerez avec le succès.

La voiture bleue qui apparaît dans votre rêve est, pour ainsi dire, votre alter ego. Si celle-ci apparaît au lieu de votre propre voiture, souvenez-vous autant que possible des détails de votre rêve. Car c'est certainement pour vous avertir d'un message important pour votre futur.

=> On me demande de ne pas oublier les détails de mes rêves, je le fais depuis toute petite. Ils me permettent de mieux comprendre ma vie et les différentes énigmes qu'ils peuvent refléter. Ils me guident, ils m'emmènent à comprendre au fond qui je suis. Ils m'ont permis de ne jamais douter de moi et me faire comprendre que chaque évènement de ma vie avait un sens. Pour ce rêve, je dois assumer ce que je suis. Faire de mes faiblesses, imprimées dans mon inconscience, une force et que mes souvenirs, même s'ils sont fixés en négatif dans mon cerveau et que je finisse par les faire brûler, petit à petit, pour en tirer du positif.

Le hasard de la vie emmène sur son chemin de belles rencontres, de belles amitiés et un amour qui ne demande qu'à s'épanouir. Grâce à certaines de ces personnes, je commence à renouer avec cette confiance que je croyais perdue.

Croyez en votre destin, faites confiance à vos rêves…

.12. Sein

Quelle est la définition d'un sein ? Le dictionnaire nous dit : Organe pair très développé situé à la partie antérieure du thorax chez la femme, et qui contient la glande mammaire.

Je trouve la définition simpliste pour un organe si complexe…

Les seins, que l'on nomme par tellement de sobriquets, on peut l'appeler poitrine, mais aussi de façon plus argotique, nichons, roberts, nibards ou encore mamelles…

Quel est le rôle et l'importance des seins, pour une femme ? Ils sont associés à la féminité, à l'allaitement, à l'affection, à la protection maternelle, au réconfort, à la douceur, à l'attraction et aussi à la séduction. Ils sont une zone érogène qu'il ne faut pas oublier, prenez en note messieurs !

Les seins sont importants pour une femme, qu'ils soient petits ou gros, en forme de poire ou asymétriques. Ils sont une partie de notre corps qui nous identifie comme femme.

Nous devons les protéger et en prendre soin. Sous le gauche se trouve le cœur. Est-ce pour cela que celui-ci, en règle générale, est plus gros ? Ce n'est pas le sujet de ce chapitre, mais il y a sûrement des études à ce propos.

Mesdames, si vous remarquez une bosse sur votre sein, il est important de prendre rendez-vous chez votre gynécologue. Elle jugera s'il est nécessaire de passer une mammographie. La plupart du temps, ces bosses sont bien souvent, des nodules ou tumeurs bénignes causées par des changements hormonaux, mais cela n'exclut pas la possibilité d'un cancer du sein plus dangereux.

Dans mon entourage plus ou moins proche, j'ai connu certaines femmes qui ont combattu ce cancer, elles sont toutes en rémission aujourd'hui, mais elles ont perdu une partie d'elle-même. Elles sont toutes passées par ce parcours : la présence d'une masse, le rendez-vous chez le docteur, l'examen, le diagnostic, la possible ablation du sein, la radiothérapie ou chimiothérapie …

Ensuite, entamer le chemin le plus compliqué… la reconstruction de son Soi… Il y a plusieurs visions de ce mot…Reconstruction… Action de reconstruire ce qui a été détruit, action de rétablir dans son état premier.

La reconstruction mammaire est de plus en plus souvent conseillée après l'ablation d'une tumeur, d'une masse, elle permet d'offrir aux patientes une aide psychique considérable en retrouvant une poitrine proche de celle qu'elles avaient avant l'intervention.

Pour beaucoup, l'ablation affecte moralement et émotionnellement parfois plus que physiquement. Cela peut conduire à une déformation de l'image de soi. Elle engendre des questions sur son reflet, sa féminité ou encore sur sa vie sexuelle.

L'image corporelle est fondamentale dans l'estime de soi et nous permet de nous affirmer en tant qu'individu et dans les interactions sociales avec les autres.

C'est un parcours que seules les femmes qui ont été touchées dans leur chair, sont capables de parler avec pudeur, avec défi, avec le besoin d'en faire une force.

Pourquoi je vous parle de ce sujet ? Il a fait partie d'un de mes rêves…

****

Mon rêve :

Je suis face à un miroir, je me regarde. Je suis nue.

Je regarde mon reflet sur la gauche, j'examine ma poitrine, mon sein est plutôt joli, je dirais même parfait, de belle forme. Je souris à cette image.

Je me retourne vers la droite et je découvre mon autre sein.

Il est tombant, il n'y a plus d'aréole, plus de mamelon, rien, j'ai juste cette forme ovoïde… Je ressens la maladie, la peur, …

****

Dès mon réveil, je regarde la signification, j'ai bientôt un rendez-vous bientôt pour une mammographie. Ce sein malformé, je le vois encore, même bien éveillée.

Rêver de voir des seins blessés représente une maladie pour le dormeur.

Rêver de cancer ou tumeur du sein symbolise des problèmes existentiels concernant votre corps, ainsi que la façon dont vous vous regardez en tant que femme. Peut-être que vous avez peu confiance en vous et vous vous nourrissez de messages autodestructeurs.

En rêve, plus le sein est beau, plus le rêve annonce le bonheur et rêver de sein flétri est présage de tristesse et de pauvreté.

****

Je suis régulièrement suivie par une gynécologue, elle me palpe, geste simple et indolore qui permet de déceler des changements pouvant être le signe de maladies.

Mon rendez-vous pour ma mammographie est arrivé. Me voilà seins nus dans la pièce attenante où a lieu l'examen, je suis plutôt apaisée, j'attends qu'on vienne me chercher.

Pendant l'examen, mon premier sein est placé dans le mammographe et comprimé, sensation désagréable. Le cliché radiographique est pris. Il ne faut pas bouger et bloquer sa respiration. Mon deuxième sein subit la même procédure…

Je retourne dans le cabinet le temps que le médecin analyse les radios. La radiologue frappe à la porte et me demande si j'ai un grain de beauté, une tache sous le sein droit… Aussitôt, elle me soulève sans précaution la poitrine et me dit que non… Elle repart…. Elle frappe à nouveau et me dit que je dois passer une échographie pour vérifier une masse qu'ils ont identifiée…

Je me retrouve toujours seins nus dans une autre pièce, couchée sur ce lit, près du matériel d'échographie…

Mon rêve me revient de plein fouet en mémoire…

L'échographie peut mettre en évidence une anomalie que le médecin peut analyser plus finement.

Il arrive et met le gel, il applique la sonde sur mon sein gauche et ne trouve rien… Je suis soulagée…

Il examine mon sein droit et cherche ce qu'il a vu sur la mammographie…. Il fait plusieurs clichés… Il me dit vous avez une masse probablement bénigne, on va refaire l'examen dans 4 mois pour faire un comparatif évolutif…

J'enlève le gel comme je peux et je me rhabille … J'attends le compte rendu.

Au bilan de celui-ci, mammographie classée ACR2 Bilatérale… ce qui correspond à une mammographie ayant une anomalie bénigne (kyste, …), pour laquelle une surveillance habituelle est préconisée…

Je sors de l'hôpital avec quand même des questionnements, cela manque cruellement d'humanité et d'explications rassurantes…

****

Mon ressenti ??

Mon rêve, la réalité… Une sensation étrange… Le même sein que dans mon songe. C'est perturbant…

D'après l'interprétation des rêves, voir des seins blessés représente la maladie pour le dormeur. Cette analyse est réapparue directement dans ma tête quand j'étais dans cette petite salle d'attente de l'hôpital, il y avait un miroir et j'ai regardé ma poitrine. Me retrouver face à la même image que dans mon rêve…

Rêver de cancer symbolise des problèmes existentiels concernant votre corps, ainsi que la façon dont vous vous regardez en tant que femme. Peut-être que vous avez peu confiance en vous et vous vous nourrissez de messages autodestructeurs.

=> Mon corps est mon ami comme mon ennemi. Je l'aime comme je le déteste. Mon image, mon reflet, sont pour moi les plus grands défis de ma vie. M'accepter, essayer de valoriser l'image intérieure que j'en ai.

Aujourd'hui, on me dit jolie... Je dois prendre confiance en l'image que je renvoie, je dois m'observer sans baisser les yeux... Eviter de voir mes défauts qui deviennent obsessionnels et prennent de l'ampleur quand je me regarde...

Un vrai travail à faire sur soi, sur moi...

En rêve, plus le sein est beau, plus le rêve annonce le bonheur et rêver de sein flétri est présage de tristesse et de pauvreté.

=> C'est la vie, les bons côtés et les moins bons. Nous passons tous par des mauvais moments qui nous empêchent d'aller de l'avant. Il faut les prendre comme des moments charnières, ils nous font murir, nous permettent d'apprendre, nous font grandir.

.13. Ménagerie

Avec mon ami, nous avons acheté notre longère, une habitation qui va accueillir notre famille recomposée.

Au cours de la première visite, nous avons été surpris de découvrir une pièce avec des cages, le couple fait un élevage de gerbilles. Une passion surement dévorante. Nous avons hâte de découvrir cette pièce sans ces petits habitants.

L'amour des animaux, un vaste sujet…

****

Mon rêve :

Mon fils, apprenti vendeur en boulangerie doit embaucher à 6h ce matin, son réveil sonne, mais il ne veut pas aller au travail.

Il est en retard, je me lève pour le sermonner, il râle. Il me dit, regarde l'heure. Je vois 8h00.

Je ne vois pas ce qu'il veut dire, je ne sais plus s'il est trop tôt ou trop tard, j'ai perdu la notion du temps. Pourtant, je suis sûre qu'il est en retard.

Je file dans le couloir, j'aperçois une cage remplie de perruches, des bleues, des vertes. C'est bizarre, hier, il n'y en avait pas.

J'entre dans le salon, plusieurs clapiers, des cochons d'inde, des lapins, hamsters et surtout un gros chinchilla !

Comme pour les oiseaux, ils sont arrivés dans ma maison par je ne sais quelle magie !

****

Au cours de ma vie, de celle d'enfant à ma vie d'adulte, j'ai eu des animaux de compagnie.

Des chats, des oiseaux, un cochon d'inde, des petits êtres qui emmènent de l'affection, de la présence. Ce sont des confidents, ils permettent la responsabilisation, ils sont fidèles, doux, …

De ce rêve, je me suis réveillée avec une première impression désagréable, être perdue dans le temps….

Mon réveil a sonné comme chaque matin de la semaine à 6h20, mais je n'étais pas sûre. Sensation de perte de repère… Il m'a fallu quelques minutes pour émerger. Retrouver le cours de ma vie réelle. Aujourd'hui, je gère mieux ce ressenti. Il y a encore quelques années, j'aurai paniqué, je me serai sentie dépassée par cette mauvaise perception. La perte de contrôle… C'est impossible quand on est une fille d'un pervers narcissique.

De ce rêve, la deuxième impression qui m'a questionnée, c'est la présence de toutes ces cages.

J'aime les animaux, mais autant...

Je vais regarder ce que symbolise chaque animal en rêve, en faire un condensé.

****

Rêver de perruche signifie que vous avez besoin de preuve d'affection. Si vous avez des perruches en cage, dans le rêve, cela représente votre capacité à imiter les traits de caractère des autres.

Rêver de cochon d'inde symbolise que si vous pensez avoir eu tort, c'est le bon moment pour vous excuser et chercher la réconciliation. En de nombreuses occasions, vivre ensemble est un grand défi et vous en êtes conscients. Opter pour une alimentation saine et nutritive est la première étape. Le temps est venu d'oublier et de pardonner. Vous êtes une personne très ambitieuse et ce n'est pas mal.
Pour l'instant, vous ne pouvez que travailler dur pour faire de votre mieux. Tout cela vous fera passer une journée bien remplie. Vous réfléchirez à deux fois avant de donner votre cœur. Votre agenda est important en ce moment et cela vous fera découvrir le sens du temps. Vous devrez revoir vos principes et savoir où vous voulez aller.

Rêver de lapin est très positif, car ils sont inspirants, ils nous donnent un exemple de vitalité, d'énergie, d'intelligence et d'utilisation de la ruse, le courage de faire face à différentes situations.

Rêver de hamster représente les émotions cachées. Cela indique que vous êtes en retrait par rapport aux autres et cela pourrait vous porter préjudice au bout du compte.
Rêver de hamster peut également être un reflet de votre intimité, vous êtes certainement capable de séparer le sexe et l'amour.

Rêver de Chinchilla prouve que vous avez un esprit pur, tout en ayant une sympathie pour les idéaux sociaux. Vous avez une personnalité à double facette. D'un côté vous êtes modéré, simple, sensuel et axés sur les délices de la vie. De l'autre, vous êtes un aventureux enflammé et un charmeur qui n'a peur de rien. Vous ressentez le besoin de vous émerveiller.

Rêver de Chinchilla prouve que vous êtes un individu compréhensif, humain et altruiste. Serviable, mais véritablement autonome, vous avez votre propre façon de voir le monde. Intéressé par les grands voyages, vous avez un sens particulier de l'organisation.

Rêver de Chinchilla suggère que vous tombez amoureux de la personne qui saura comment affoler votre désir et se dérober à votre conquête. Éternellement en vadrouille dans vos jeunes années, multipliant les expériences amoureuses, dès la quarantaine, vous voulez vous caser avec la perle rare. D'ordinaire vivant et aventureux, vous cherchez à voyager avec un compagnon qui saura partager votre idéal de vie.

****

Faire un résumé va être difficile, chaque animal a sa particularité. C'est un peu de moi dans ma façon d'être ou ma façon de faire dans chaque animal.

Celui qui m'est resté en tête, celui qui était le plus imposant, le plus gros dans sa cage, il devait être mis en avant, c'est le chinchilla.

Il me reflète complètement, j'ai cette personnalité à double facette, celle qui fait de moi que je m'adapte à beaucoup de situation. Elle m'a permis de m'en sortir, de faire avancer les projets, de pouvoir toujours se dépasser même dans les moments les plus difficiles. Un peu de modération, de la simplicité, un peu de sensualité, un brin aventurière, un soupçon de charme, un mélange qui permet d'ouvrir les portes, celle d'un travail, celle d'un logement, celle d'un cœur.

C'est vrai que je suis quelqu'un de compréhensif et j'ai besoin de sentir que mes proches sont bien. On peut dire également un peu altruiste, c'est-à-dire être bienveillant avec autrui.

Ce songe du Chinchilla, montre aussi d'être véritablement autonome. C'est toujours un trait fort chez moi, je suis de nature à pouvoir gérer ma vie de façon libre, cette personnalité m'a permis de m'épanouir, de savoir ce que je voulais et ce que je ne voulais plus. J'ai changé de travail fréquemment, on a dit de moi que je n'étais pas stable, je réponds que j'ai besoin de découvrir, d'apprendre, d'observer d'autres façons de travailler, de faire. On acquiert de l'expérience, on développe des acquis, on apprend des collègues, de leur savoir vivre et savoir-faire…

La dernière partie de l'analyse de mon songe concernant le Chinchilla me touche particulièrement.

Aujourd'hui, j'ai un peu plus de quarante ans et effectivement j'ai aimé aimer, être désirée, plaire dans ma tendre enfance. Ensuite, j'ai eu mon histoire pendant 22 ans, celle qui m'a donné mes enfants, celle partagée avec un homme qui ne m'aurait jamais fait de mal et qui m'a laissé au pire moment de ma vie. Mais après analyse, cette vie n'était pas celle dont j'aspirais. Elle a été remplie de bonnes aventures, mais il manquait l'alchimie, l'amour véritable.

Trouver la perle rare, tout un programme…
Trouver la personne qui aspire à un idéal de vie similaire, c'est sûrement encore plus compliqué.
Mais parfois, le hasard vous met sur le chemin de votre alter-ego, une rencontre qui change la vision des choses.

Cet homme, qui aujourd'hui fait partie de ma vie est la personne qui me permet de m'épanouir, un profond respect nous unit, nous ne nous forçons pas à obliger l'autre à faire ce qui est difficile pour lui.

Nous avons chacun nos forces et nos faiblesses, chacun nos peurs et nos envies, nous sommes deux autonomes qui ont besoin de trouver en l'autre l'appui quand nécessaire, l'épaule quand il faut s'y poser.

Nos regards ne mentent pas, notre amour est véritable, il donne espoir à deux cœurs qui ont souffert différemment.

L'un sera fort pour l'autre et le soutien, l'apaisement sera le maître-mot dans notre relation.

Je dois vous avouer quelque chose, cet homme, par sa façon d'être avec moi, m'a permis de soigner ce qu'il y avait de plus difficile à guérir en moi…. La peur de l'homme…

J'avais souvent l'ascendant sur les relations que j'ai eu, j'avais le pouvoir sur l'homme pour ne pas souffrir, pas me laisser malmener… mais lui a su lire en moi, a osé me faire dépasser mes limites, ma zone de confort et il a su me faire lâcher prise…

C'est un homme avec un grand H, lui-même ne connait sûrement pas sa propre valeur. J'ai su lire en lui dès que nos yeux se sont croisés sur ce parking de magasin, en pleine période de confinement… C'est un vrai amour véritable…

Il me sera donné d'aimer réellement, j'en remercie la vie. Je l'espère sur plusieurs années désormais, faire un bout de chemin ensemble simplement.

Votre partenaire de vie vous renforce, il ne vous limite pas.

.14. Mariage

« Je t'aime et souhaite que ce sentiment inexplicable soit éternel…. C'est pourquoi, aujourd'hui, avec tout l'amour que je te porte, je te demande, si tu l'acceptes de devenir ma femme/mon homme pour le meilleur et pour le pire, jusqu'à la fin de notre vie ».

Ces mots, ces phrases qui font palpiter **deux cœurs unis en Un**. Cette question qui n'attend que sa réponse… Un grand OUI pour beaucoup ou parfois malheureusement un NON qui demandera une terrible explication.

Le mariage, c'est un bel évènement qui rassemble des invités autour d'un couple qui s'unit. Une journée qui lie des amoureux. Pour certains, un mariage vient légaliser son union et pour d''autres un **vrai** mariage d'amour. On officialise devant la famille, les amis, l'attachement que l'on a vis-à-vis de l'autre.

La vie quotidienne sera pourtant, toujours la même, mais quand on parle de mariage, on parle d'engagement des époux, de s'apporter mutuellement amour et assistance. C'est comme signer un pacte.

Mariée presque 18 ans, mon mariage a été contracté comme une suite logique à notre histoire. On s'est rencontré jeune, on a trouvé du travail, on a acheté un appartement, on **a émis le projet d'avoir des enfants. Pas de vraie demande en mariage comme on l'attend. Un mariage basé sur un amour, tout de même, mais c'était déjà inscrit comme étant inéluctable**…

Aujourd'hui, depuis mon divorce, je crois toujours en l'amour. Celui qui vous **transperce, vous transporte**, celui qui, par le partage, amène avec bonheur une vie tranquille, paisible, simple …

Ma belle rencontre est toujours à mes côtés, il fait partie désormais de beaucoup de mes écrits. Il a contribué à fermer certains de mes chapitres compliqués. J'ai tourné la page sur un passé, j'ouvre désormais un nouveau chapitre qui me semble comme un rêve.

Depuis 2 mois, nous vivons sous le même toit. Quelle joie d'avoir à ses côtés celui qu'on aime quand on rentre du travail, de trouver des bras accueillants, de s'épauler quand cela ne va pas, de se blottir l'un contre l'autre le soir qui prouve l'attachement que l'on ressent, de sentir son cœur battre, de trouver, grâce à lui, son apaisement, d'échanger des regards complices.

Une rencontre à 40 ans n'a pas la même profondeur qu'à 20 ans. Le recul, l'expérience, nous amènent sur des histoires d'amours différentes. A 40 ans, la vision de l'amour est réaliste et moins idéaliste qu'à 20 ans. On sait ce qu'il nous faut et ce qui est bon pour nous.

Pas un soir, je m'endors sans penser à ce 12 avril 2020, ce clic sur un site qui a déclenché cette belle histoire d'amour. C'est si limpide, si facile…

Je me glisse sous les draps et je m'endors contre lui…

****

Mon rêve :

Je suis à mon mariage, je ressens nos familles, nos amis heureux. Je ressens cette plénitude, l'amour est présent.

Je sais que je suis avec lui, mon amour véritable. Je me sens si bien.

Je fais le tour des animations, il y a de quoi prendre des photos dans un photomaton, je vois les invités coller leurs photos dans un album. Il y a également un livre d'or avec des petits mots, chacun écrit avec des couleurs différentes, un autre livre avec les signatures de chaque personne. Nous nous sentons aimés.

****

Quel doux rêve...

Pour vous dire la vérité, nos amis se sont mariés le week-end précédent, mes songes ont sûrement été nourris par ce mariage rempli de leur amour.

Si je dois en faire mon analyse, je vous dirais secrètement qu'au fond de moi, je pourrai me voir au bras de celui qui m'accompagne aujourd'hui. Sceller ma vie à la sienne, porter son nom. Je reste une grande rêveuse !

A plus de 40 ans, cette décision n'est pas dans la suite logique des choses, c'est un véritable choix.

On laissera le moment venir s'il doit se produire. Comme depuis notre rencontre, il faut juste vivre l'instant présent et suivre nos ressentis, nos envies...

L'analyse va peut-être me dévoiler autre chose.

L'image du mariage est une action d'union entre deux parties au sein du rêveur ou de la rêveuse. C'est une forme de réconciliation interne. Cela produit un sentiment de bien-être au sein de la personne. Le mariage est une image de bonheur intérieur.

Se marier comporte une dimension active. Le rêveur ou la rêveuse est en train de vivre une alliance entre des côtés différents de sa personnalité. Cela amène une force et une énergie nouvelles. Cette union est source de joie. C'est un état de grâce que peut vivre le rêveur ou la rêveuse.

Quelles que soient vos idées sur le mariage, le fait de se marier dans un rêve, est un facteur de bonheur et un moment heureux.

=> Ma nouvelle vie est belle, elle a permis de reconstruire la femme que je n'étais plus. Au travers de son regard, je me sens jolie, entière, vivante, j'espère que ma vie sera longue avec lui. Si elle devait s'arrêter, j'aurai appris ce qu'est être une femme et je saurais avancer différemment. Dans l'analyse, on parle de réconciliation interne, c'est cela, je fais la paix avec mon corps, mon âme, ma vie.

Pour ou contre le mariage ? Chacun aura sa propre opinion. Ce qui est sûr, c'est de ne pas emprisonner l'autre. Ne pas le contraindre, c'est une décision qui se prend à 2. C'est un réel engagement.

La vie est faite de surprise, laissons-nous guider….

.15. Prof de Maths et accident

Pourquoi n'arrivons-nous pas à connaître le début ou la fin de tous nos rêves ?

C'est une question pertinente, mais qui n'a pas forcément de réponse ! Pour tout rêveur, c'est une énigme.

J'ai passé une nuit chargée d'un rêve, mêlé d'un cauchemar. Celui qui laisse une fin de rêve, sans fin et qui reste sur sa faim …

****

Mon rêve :

Je suis avec un groupe d'amis, nous avons tous pris 20 ans de plus. Nous entrons dans une salle de classe de mon ancien collège. Nous observons le cours et je vois mon prof de Maths, Mr Cassin. Ce bon professeur qui m'a fait apprécier cette matière à sa juste valeur. Lui aussi a grisonné. Je m'approche d'un jeune élève et je lui dis que ce professeur est quelqu'un de bien….
Changement de décor instantané…
Je me retrouve, toujours avec mon groupe d'amis, sur une route goudronnée qui vient d'être juste refaite….
Le goudron fume encore. On observe la circulation sur cette 4 voies, ça circule très vite.
Le passage d'un camion fait décoller le goudron et une voiture avec sa caravane créé un carambolage.

Un Scénic vert se retrouve déporté et il percute la barrière de sécurité. Je vois la déformation du véhicule à l'avant sous l'impact. Un adolescent est éjecté par le toit ouvrant. Son corps flotte dans les airs et son visage est pointé vers moi, il me regarde droit dans les yeux, mais Il glisse inexorablement… Son regard m'implore de l'aider….

****

Je me réveille angoissée.

Quelle fin ? Que s'est-il passé ???? Je pouvais presque allonger mes bras vers lui pour éviter sa chute fatale. Ce regard m'a hanté plusieurs soirs.

Cette image de cet enfant désespéré et mon prof de maths ! Les rêves sont remplis d'énigmes.

Le collège, un lieu pour moi qui a été bien compliqué. Il a fallu y trouver une place. J'y ai passé 5 ans avec un redoublement en troisième. Cet établissement était situé près d'une cité.

On apprend à vivre ensemble, plein de culture, plein de religions, j'ai aimé cette mixité. J'aime observer le monde qui m'entoure, les différentes façons de vivre. Ça, c'était le côté positif, le côté sombre a été ma GRANDE timidité, elle ne m'a pas aidée à m'imposer certaines fois.

Heureusement qu'une « populaire », comme on dit aujourd'hui, m'avait prise sous son aile. Elle m'a sortie de nombreuses embrouilles. C'est tellement facile d'attaquer le plus faible… On peut aussi compter sur tous ses professeurs, certains ont de l'aplomb, du charisme. Ils vous donnent envie de donner le meilleur de soi, même si on est un élève moyen.

Ce Mr Cassin existe bien. De cette période, il ne m'a jamais jugée sur mes notes moyennes, il avait un regard paternel et il donnait de l'âme à ses cours. Pas comme ce maître de CM2 qui m'avait dit que l'on ne ferait rien de moi…. De par le métier que je fais aujourd'hui, j'aimerai lui dire qu'il avait tort !!

Les rêves d'école ont toujours une dimension régressive dans la mesure où ils renvoient à l'enfance et aux débuts des apprentissages sociaux. Ce sont souvent des rêves de remémoration assez proches de ce que le rêveur a vécu dans la vie réelle. Ils peuvent être chargés de joie, mais souvent ils ramènent à des situations de honte, de culpabilité, de fragilité et d'humiliation.

En me réveillant, cette pensée d'"avoir vu mon ancien prof en rêve, m'a fait sourire.

Rêver d'un enseignant avec des élèves dans une salle de classe, ce rêve est souvent un signe de solitude et d'instabilité émotionnelle. Peut-être que vous vous sentez déprimé et déçu pour une raison quelconque. Ce rêve est un rappel de ne pas succomber à de telles émotions.

=> Oui, il est vrai que je suis dans une période remplie de solitude intérieure et mon émotivité qui est à fleur de peau. Un sentiment difficile à expliquer. Il me manque quelque chose que je ne peux décrire.

Je ne suis pas malheureuse, mais pas totalement heureuse. J'ai mes enfants que j'affectionne, un conjoint que j'aime, un job intéressant, un beau logement, mais quelque chose coince…

J'ai fait une recherche sur internet avec cette question : **JE NE SUIS PAS HEUREUX, ALORS QUE J'AI TOUT POUR L'ÊTRE – POURQUOI ?!**

« La souffrance prend ses racines dans l'enfance, par mauvaise programmation… Cette lourdeur suit dans chaque situation, chaque événement, même gai, car on ne vous a pas appris à être heureux, à apprécier la vie, à jouir de la moindre minute de sérénité ».

Je sais d'où viennent mes souffrances, j'ai appris à avancer avec. Le problème est que l'on donne à ceux qu'on aime pour qu'il ne vive pas ce même sentiment, cette insécurité. On donne au point de s'oublier encore.

Mon rêve me dit de ne pas succomber à de telles émotions. Je vais devoir dans cette période un peu trouble pour moi, me « reprogrammer », prendre soin de moi, apprendre à être heureuse, à être sereine…

Rêver d'un accident de voiture peut être un symbole puissant renfermant de fortes émotions. Rêver d'assister à un accident où une personne se blesse, signifie que vous ne pouvez pas contrôler ce que font les autres. Ils doivent vivre avec les conséquences de leurs propres décisions

=>Il est vrai que chaque personne a son libre arbitre. Pour ma part, je protège énormément mes enfants. C'est pour moi vital, pourtant je sais qu'ils doivent apprendre de leurs actes. A 19 et 17 ans, mes grands font leurs expériences, je dois réussir à lâcher-prise. Un vrai travail sur moi. Je vais, bien-sûr, garder mon œil bienveillant.

Un accident de voiture causé par un embouteillage : Ce rêve est un présage que vous devez faire attention aux forces extérieurs indépendantes de votre volonté. Le fait de vous éloigner des tendances ou des situations risquées vous évitera des chagrins et voir votre vie s'anéantir.

=> Nous vivons dans un monde où il faut faire attention à beaucoup de paramètres, il est dommage d'en arriver là. Pour ma part, je fais attention aux situations à risque, je m'en éloigne, mais pourtant on s'y confronte parfois, même si on est prudent. Il faudrait devenir ermite pour ne pas vivre dans le risque. Il faut cependant, se préserver.

Rêver d'une voiture verte accidentée est un mauvais présage sur le plan de la santé. L'apparition d'une maladie risque de freiner vos projets d'avenir.

=> Il va falloir que je sois à l'écoute de mon corps, ma kiné qui me suis pour ma fibromyalgie, me connais bien depuis de nombreuses années, Elle me dit souvent « Valérie, préserve-toi ».

Je vis avec mon ami, nos enfants depuis 4 mois dans notre maison. Je ne me souvenais plus de mes rêves au matin depuis notre emménagement.

Celui-ci est apparu aussi clair et détaillé à mon réveil. Pour moi, il a son importance. Il est vrai que je suis dans une période où il me semble que tout va vite, que je suis dépassée par cette vie que je ne maitrise pas entièrement. Il faut courir après le temps et apprendre à vivre tous ensemble. Nous avons tous nos façons d'être et il faut composer avec.

Cependant, la discussion permet de désamorcer les tensions qui peuvent subvenir, être vrai et regarder plus loin ensemble….

.16. Encore un accident

Mon rêve :

Je suis sur une route que je connais bien, j'habitais cette petite commune il y a 6 ans. Cet itinéraire est celui que je prenais souvent pour aller faire mes courses dans la ville d'à côté.

Je vois au loin un accident avec 2 voitures impliquées, j'avance et on me dit de faire demi-tour.

Je tourne la tête et je vois un petit avion qui s'est crashé dans le champ de maïs qui longe la route. Je comprends que ce petit coucou a provoqué l'accident des 2 voitures également. Je ne vois pas de victime.

****

Encore un accident !! Deux rêves rapprochés et toujours le même thème. C'est terriblement perturbant. C'était déjà le sujet de mon précédent chapitre. Je me questionnais et je concluais en me disant : « préserve-toi ».

Aujourd'hui, je suis en arrêt maladie, mon corps a lâché, mon état émotionnel a explosé. Je relis ce précédent chapitre et j'en fais maintenant une autre synthèse.

Surtout pour cette analyse : Un accident de voiture causé par un embouteillage : Ce rêve est un présage que vous devez faire attention aux forces extérieurs indépendantes de votre volonté. Le fait de vous éloigner des tendances ou des situations risquées vous évitera des chagrins et voir votre vie s'anéantir

=>Je viens de le prendre en pleine figure. Je me sentais plutôt bien intégrée sur mon lieu de travail. Il y a un mois, j'ai eu un entretien avec ma responsable, elle m'a cataloguée, elle m'a fait des reproches sans justificatifs, elle a mis ma confiance au plus bas. J'ai pris sur moi et j'ai cherché, via mes autres collègues, le pourquoi de ses critiques. Ces collègues m'ont mis à l'écart sans me parler des malentendus qui s'installent. J'avais bien pressenti que quelque chose se passait.

J'ai commencé à chercher un travail ailleurs alors que j'aime ce que je fais, surtout quand je suis en clientèle. C'est difficile de devoir se résoudre à cette solution extrême.

J'ai de bons retours clients, mais au sein du bureau, majoritairement de femmes…, je sens que je ne rentre pas dans « le moule », dans leur façon d'être, leur façon directe de parler. Je suis une personne entière, avec de belles valeurs, il est important d'être soi, ne pas jouer un jeu qui ne me ressemble pas.

En fin de journée, après une angoisse sur un souci client, je me suis retrouvée avec un des responsables de l'entreprise. Il n'a pas compris ma peur de l'échec… Je lui ai expliqué que depuis l'entretien fait avec la responsable de pôle, j'ai perdu toute confiance en moi, que j'ai senti une mise à l'écart que je ne comprenais pas.

Le lendemain, j'avais un autre rdv avec mon patron. Il m'a avoué que ce groupe de collègues m'avait isolé et que lui avait abondé, sans m'en parler, sur leur version des faits et problèmes qui s'avéraient infondés. Il s'est excusé, car il ne s'était pas rendu compte du malaise que je pouvais ressentir. Il m'a demandé si on pouvait « raccrocher les wagons », car j'étais un bon élément. Je leur ai dit que je leur laissais la fin d'année pour voir l'évolution.

Mon précédent rêve était un présage où il fallait que je fasse attention aux forces extérieures indépendantes de ma volonté… Qu'il fallait que je m'éloigne des situations à risques pour éviter le chagrin qui pouvait m'anéantir…

Je ne pensais pas à cela à ce moment-là. Le rendez-vous que je pris chez le médecin pour une douleur du corps, reflétait un mal-être beaucoup plus profond.

Je vais profiter de mes 10 jours d'arrêt maladie pour comprendre vraiment ce que j'attends de la vie et ce qui peut être bénéfique pour moi.

Ce qui est sûr pour le moment, c'est que l'idée de reprendre le travail ne m'est pas possible. J'ai déjà mal au ventre, rien que d'y penser.

Le comble, c'est quand écrivant ce chapitre, je reçois un SMS de mon patron, j'ai juste 3 jours d'arrêt maladie d'effectués et il me demande s'il peut m'appeler. Je sens une poussée d'angoisse monter, le téléphone sonne, je décroche.

Il me demande si je reprends bien dans 1 semaine. Je ne peux pas lui répondre par l'affirmatif, je souffre toujours autant de ma hanche. Il me dit qu'ils sont mal face aux clients, que je les mets dans des soucis de planification.

Ont-ils pensé un seul moment à ce que je ressens ? Il me fait culpabiliser, je suis quelqu'un d'investi. Mais là STOP !

J'arrive à lui faire comprendre que le mal du corps est un fait, mais que j'ai aussi du mal à digérer ce qui s'est produit. J'apprends aussi qu'il a prévenu mes collègues, celles qui m'ont mise à l'écart injustement. Comment voulez-vous que je revienne ? Je n'ai plus confiance !!! On convient d'une rupture conventionnelle. Quel gâchis !!

Les douleurs du bassin…Vu par un ostéopathe, le bassin est un os qui retient, qui abrite et qui conditionne. Dans le siège du bassin se trouve le tout de la posture. La façon de redresser fièrement sa colonne vertébrale, ses gestes, sa liberté de mouvements, l'ampleur de sa respiration.

Les dérèglements de mon intérieur ? Tout se répercute aux origines du bassin et fait écho à l'intérieur du soi. Le bassin se bloque. Tout comme avoir le souffle coupé sous la colère, l'anxiété ou le stress.

Parfois, c'est aussi tout le bas du corps qui se retrouve coupé dans son élan.

Les émotions sont stockées malgré soi dans le bassin et symboliquement dans les hanches.

Si le bassin est un lieu d'assurance et de fermeté, c'est aussi un endroit où symboliquement se tisse toute la confiance en soi-même.
Les organes se cachent et se réfugient à l'intérieur du bassin. Un dysfonctionnement peut alors y affecter l'ensemble du comportement.

Il va falloir vraiment avancer pour soi, ne plus subir gratuitement, ne plus avoir peur, extérioriser ses émotions…

****

Revenons-en à mon rêve ! Un accident un peu différent du précédent songe.

Dans la vraie vie, en ce moment, mon chemin est un peu cabossé. C'est un fait. Il va falloir à nouveau réfléchir aux meilleures stratégies pour vivre en pleine conscience et ne plus subir.

Rêver de maïs et en voir un champ annonce un dur labeur.

Voir un champ de maïs en rêve, prédit souvent un avenir agréable.

=>Deux interprétations du rêve de champ de maïs, mais ils peuvent être complémentaires. Il existe des citations proches de la vie : *« Les miracles n'existent pas, l'on n'obtient ce qu'on désire que par un labeur incessant, une volonté ferme et déterminée constamment dirigée vers le même objet », Jean Dutourd.* Je cherche pour moi, mes proches, cet avenir agréable, on sait que tout ne se construit pas du jour au lendemain. Il y a des actions, du travail pour construire petit à petit son avenir.

Rêver d'un avion qui s'écrase indique qu'il est temps de vous interroger sur vos aspirations : Quels objectifs vous êtes-vous fixés dans votre vie ? Prenez le temps d'examiner vos motivations profondes. Si certains de vos objectifs ne semblent pas réalistes ou hors de votre portée, essayez de les redéfinir ou de les recadrer afin d'être mieux en mesure de les atteindre.

=>Cet arrêt et cette rupture conventionnelle est et va arriver au bon moment. Se fixer des objectifs et examiner mes réelles motivations vont être mon moteur à dater de ce jour.

Vivre et ne plus être une victime de sa vie. Il ne faut pas que la situation actuelle reste figée, bloquée et perpétuelle.

.17. Ma belle-sœur – L'appel

Je vais consacrer ce chapitre à une personne qui compte beaucoup pour moi. Il y a les liens du sang et il y a les liens du cœur. Mes deux sœurs sont mon sang, on a tout partagé, notre enfance, nos joies, nos peines, nos souffrances. Jusqu'à la mort, nous serons présentes l'une pour l'autre. Aujourd'hui, ma belle histoire d'amour m'a permis de faire rentrer dans ma vie, une sœur de cœur, ma belle-sœur.

J'ai rêvé d'elle dans l'un de mes chapitres, le chapitre 3, elle était près de sa maman. Je n'avais pas encore visualisé un visage à ce moment-là.

Comment la définir ? Une belle âme, une personne qui élève seule aujourd'hui ses deux garçons. Elle a dû passer par de nombreuses épreuves qui font d'elle ce qu'elle est maintenant. Comme son frère, elle cache au plus profond ses fragilités, ses blessures. Elle est forte et sensible à la fois.

****

Dans ce livre je vais aussi mettre en avant les rêves de mes proches, familles, amis … C'est un sujet qui touche tout le monde, c'est un moyen de libérer la parole sur certains moments de notre existence et d'analyser s'il y a un lien entre les rêves et sa propre vie.

****

Elle m'a fait confiance en me transmettant l'un de ses rêves, celui qui vous touche, celui qui pose des questions, celui qu'on aurait aimé continuer dans son inconscient pour avoir, juste un instant, le ressenti et la joie d'une présence qui n'est plus.

Son rêve :

Je suis au restaurant avec quelqu'un. Je reçois un appel sur mon téléphone. Maman, qui avait été emportée par la maladie quelques années plus tôt, m'appelle. Je sors pour prendre la communication, elle m'informe qu'elle m'attend dehors. Je longe un quai, mais impossible d'arriver jusqu'à elle.

****

La perte d'une maman, ce repère si important dans la vie d'un enfant…

Une mère, c'est un nid de chaleur qui nous berce depuis l'enfance. La mère, au fil des jours, des mois, des années, est dévouée à une cause, élever, aimer les enfants qu'elle a mis au monde et qui, même avant sa naissance, est déjà le lien d'un amour inconditionnel.

Mais, personne n'est éternel, une maman finit par nous quitter un jour, malheureusement trop tôt pour certaines. Mais cela restera toujours un moment que les enfants en deuil n'oublieront jamais…

Quand j'ai rencontré mon ami, j'ai de suite compris que sa sœur et lui étaient très proches, cette perte commune les soude par un lien qui est invisible à nos yeux mais puissant. Il l'appelle souvent « Petite sœur » et il pose son regard sur elle avec amour et compassion.

Leur histoire me touche, j'ai toujours ma maman et je ne peux que comprendre le manque que cela peut générer. On a tous des moments dans nos vies que l'on veut partager avec cette femme qui comprend, qui peut guider, qui peut soutenir ou tout simplement te prendre dans ses bras quand le poids de ta vie te pèse.

Son rêve s'est produit sept ans après sa disparition. Un appel et un rendez-vous manqué qui laisse au réveil un goût d'inachevé. Je pense qu'elle aurait aimé arriver au bout de ce quai et pouvoir, ne serait-ce qu'un instant, la serrer dans ses bras et lui parler.

L'analyse des rêves va peut-être nous révéler certaines choses ?

Une maman, on n'en a qu'une. Son passage dans nos voyages nocturnes n'est jamais anodin. Il peut être tendre, il peut nous faire revivre des moments forts ou des moments qu'on aimerait passer avec elle. Si la maman est décédée, rêver d'elle réactive des liens profonds et invitera le rêveur à se poser des questions sur le sens de sa vie. C'est aussi le signe d'un processus de deuil toujours en cours.

Rêver de parler au téléphone avec un défunt symbolise que vous vous préparez à un événement important. Vous êtes soumis à un stress énorme dans votre vie. Vous vous préparez déjà à l'échec. Vous devez écouter et tenir compte du message que quelqu'un essaie de faire passer. Vous êtes capable de vous adapter aux environnements changeants dans lesquels vous vous trouvez.

Rêver d'un quai, c'est le lieu des départs et arrivées : Être sur un quai, c'est être prêt à un nouveau départ. Rester à quai, c'est avoir manqué ce nouveau départ. C'était peut-être une nouvelle histoire avec d'autres qui sont partis sans nous. Si le quai est le lieu du départ, c'est aussi le lieu de l'arrivée, de l'attente, de la séparation ou des retrouvailles.

=>Ma belle « Petite sœur », ton chemin de vie est déjà rempli d'expériences, tu as déjà au cours de celle-ci appris ces plaisirs, ces joies et ces tourments. Il s'ouvre devant toi aujourd'hui, ton avenir. Tu as su t'adapter, te relever, tu épaules toujours ceux qui en ont besoin. Dans l'analyse, on te dit soumise au stress et que tu te prépares à l'échec. Il est vrai que souvent on voit la théorie du pire, car cela permet de se préparer psychologiquement et se protéger, mais n'oublions pas de vivre…

Reste cette belle personne, n'aie pas peur de prendre ce quai, il est ton point de départ. L'appel de ta maman te guide sur ce chemin.

.18. Photos de Tornades

Lorsqu'une masse d'air chaud et une masse d'air froid se rencontrent, les contrastes de températures sont parfois tellement violents en l'espace de quelques kilomètres que des tornades peuvent se former sous les cellules orageuses.

C'est ce qu'il se passe quand la nature est prête à se déchainer, ne plus être maitrisable.

Personne ne souhaite se retrouver dans de telles circonstances, c'est pourtant si fascinant à regarder, mais terriblement dangereux.

Il a eu des films sur ce thème comme « Twister » où cet enfant voit son père emporté par une tornade. Vingt-sept ans plus tard, il traque ces mystérieuses intempéries qui ravagent les plaines américaines. Il cherche à maîtriser, à comprendre ce phénomène pour les anticiper.

C'est un thème qui plait aux cinéastes, il est facile de créer des histoires sur cette peur, cette nature qui n'est pas gérable.

Les tornades sont des phénomènes naturels, mais il y a une autre façon de voir cet évènement. Connaissez-vous la tornade émotionnelle ?
C'est se laisser partir dans l'émotion : Se dire "j'ai peur" et rester sur sa peur. Or, la peur bloque nos sensations.
Si une émotion surgit, il faut la laisser faire. Il ne faut surtout pas la contrôler, il ne faut pas se laisser partir dans l'émotion.

L'intempérie n'est pas contrôlable, les émotions sont maitrisables…

****

Mon rêve :

Je suis dans une maison. On me demande de sortir, le ciel est très gris et menaçant, je constate que des tubes sont en formation, des tornades se préparent. Je prends une photo avec mon portable pour immortaliser ce moment aussi grandiose que terrifiant.

On les observe en se mettant à l'abri et l'une d'elle passe près de nous. On ressent la puissance, mais on en réchappe.

****

Je suis toujours dans ma période de réflexion sur mon avenir professionnel. Mon mal de dos prend du temps à se « réparer ».

Ce rêve reflète pour moi cet effet de tempête intérieure. Chaque tube de tornade exprime mes combats. Je les ai pris en photo pour figer cet instant. Avec le recul, aujourd'hui, j'ai une vraie perception de moi. Je me connais dans mon fond, dans mon âme. Je sais ce que je dois mettre en avant pour avancer.

Les rêves de tornades sont associés aux rêves de destruction naturelle. Ce sont des rêves où la nature emporte tout sur son passage, emmenant avec elle maisons, voitures, arbres… Ce sont à la fois des rêves qui traduisent un état interne perturbé et un besoin de "nettoyage" psychique.

Il n'était pas compliqué d'analyser ce rêve ! Vérifions quelques détails.

Prendre des photos dans un rêve est un signe qui aide une personne à se concentrer sur un problème spécifique ou à trouver le bon indice. Pour comprendre de quoi rêve cette image, il convient de se souvenir de votre rêve en détail, d'écouter vos sentiments intérieurs et de déchiffrer le sens individuellement pour vous-même à l'aide d'un livre de rêve.

Rêver de plusieurs tornades est interprété comme la multiplication des problèmes dans la vie de ceux qui ont ce type de rêve. Peut-être y a-t-il plusieurs personnes qui perturbent votre vie, cette instabilité pourrait provenir de relations émotionnelles ou de couple.

Rêver que vous vous protégez d'un ouragan en vous réfugiant dans un abri : vous êtes quelqu'un de prévoyant et aimez prendre les mesures nécessaires pour éviter les problèmes. Vous êtes protecteur et essayez de contrer les difficultés qui pourraient surgir. Cependant, tenez-vous compte des dégâts que l'ouragan peut faire au-dehors ?

En effet, les tornades étant des entités naturelles turbulentes, rêver à leur sujet est lié à de grandes transformations de la vie humaine. Ces changements imprévus sont directement liés à l'évolution de la vie des sujets. Ils peuvent être positifs ou négatifs, tout dépend du contexte du rêve, de l'endroit où la tornade apparaît et de la réaction de la personne qui vit le rêve.

=>Il faut écouter sa petite voix intérieure. Je dis ce qui me touche, ce qui me fait mal, ce qui me fait vibrer. Je cherche la solution pour ma santé, je recherche un travail qui pourrait m'épanouir. Je ne sais pas si l'on me suit dans mes choix, mais dois-je attendre l'accord de l'autre ?

Je dois apprendre à choisir pour MOI, ne pas me justifier. Savoir dire « NON » quand il le faut, quand je ne veux pas. Malgré mon tempérament, je reste une femme qui se pose toujours beaucoup de questions.

Je dois apaiser cette tornade émotionnelle, celle-ci est maitrisable. Laisser aller les émotions, les sensations, faire partir les peurs intérieures.

19. Encore de l'eau et à nouveau un fantôme

Mon rêve :

Je suis dans ma 4L, celle que j'avais quand j'avais tout juste mon permis, je suis avec des gens qui me semblent être de ma famille.

Sur un chemin pour aller à la maison (je pense la mienne), coule une rivière sous un petit pont, je vois l'eau monter petit à petit, elle s'infiltre dans la voiture, je la sens arriver à mes chevilles, elle frôle mes mollets, atteint mon siège.

Je sauve mon sac à main en le remontant vers le haut du toit. J'accélère et je réussi à passer le chemin.

On arrive dans cette maison où l'on se protège du déluge.

Je vois un long couloir sombre vers lequel je suis attirée. Je ressens une présence fantomatique. J'ouvre la porte, je sens un courant d'air froid. J'observe une fenêtre en pierre, je vois l'entité de couleur bleue.
Je tends mes mains vers elle et je lui dis de partir.

Elle lutte et disparaît.

****

Mon alarme de réveil me coupe de mon rêve. De suite, je me dis que l'eau et la présence d'un fantôme avaient déjà fait partie de mes songes. Dans le chapitre 9, cette entité était de bon augure. Là, celle-ci avait une aura différente. Elle était plus effrayante, plus réelle, je la ressentais, elle m'a glacée, mais j'ai pu la maitriser.

Ma 4L, une voiture emblématique avec le levier de vitesse au tableau de bord, un frein à main hors du commun et un volant digne d'un autobus. La mienne était équipée d'une banquette avant, c'était mon automobile, j'étais fière de piloter ce véhicule hors norme. Trois boulons dans le moteur, des vitres ou passent à peine un sac « Mac-Do », un démarrage au premier tour de clé même sous 10 cm de neige…

Avec cette voiture, je n'ai jamais eu autant de succès auprès des garçons… Elle était remarquable.
C'était un plaisir de pouvoir la conduire à nouveau, même si ce n'était que dans un rêve.

L'autre sujet de mon songe, l'eau. Celle-ci qui monte, monte sans pouvoir contrôler ce phénomène. Se sentir submergée, sentir que l'on peut se noyer. Je sauve mon sac, le téléphone qui est dedans, mes papiers. C'est primaire comme sauvetage ! Nous, les femmes, notre sac, c'est notre trésor, il s'y cache nos petites manies et toute notre vie.

Pour certaines, du maquillage pour les retouches, pour d'autres des petits gri-gris qui suivent partout comme des portes bonheurs. Pour moi, j'ai un vieux chapelet légué de ma grand-mère, bien enfermé dans un petit sac en cuir avec des initiales, lui-même, lui avait été légué lors d'un décès. Un petit objet qu'il me semblait à conserver précieusement.

Selon Sigmund Freud, le sac révèle notre nature profonde. Pas étonnant lorsque l'on sait que le sac est une métaphore de l'utérus et que l'attrait pour cet objet tient à la nature féminin-maternel de leur propriétaire. Cela permet aussi de comprendre pourquoi les hommes ne s'en encombrent pas. Le contenu d'un sac de femme dévoile son intimité, sa personnalité intérieure, ses petits secrets ; l'extérieur du sac est ce qui donne à être vu, le message que l'on souhaite faire passer aux autres.

Une autre chose m'interpelle aussi, ce spectre. Certains n'y croient pas, d'autres se posent des questions, et les derniers leur parlent. Un fantôme est une manifestation surnaturelle d'une personne décédée dans la vie réelle. Est-ce qu'on peut y croire ?

Y croire ne date pas d'hier, la dame blanche hante l'esprit de tout automobiliste. Par moment, on ressent un courant d'air, on voit une ombre, des objets qui semblent « bouger ». On essaye de trouver des raisons rationnelles pour se rassurer, l'inconnu, l'invisible fait peur à beaucoup.

Pour ma part, mes pieds sont ancrés dans le terrestre et ma tête aime le céleste, pour résumer ma phrase, je suis sensible à ce que l'on ne voit pas. Tout en relativisant mes ressentis que j'analyse avec ma vie réelle ou celle des autres, je me laisse guider par ce que j'éprouve. Je rêve souvent de personnes décédées, un médium m'a dit à 17 ans que j'avais un canal avec l'au-delà et qu'il fallait que je travaille ce don. A cet âge, j'avais eu très peur de son analyse, aussi je me suis fermée à cette idée.

Aujourd'hui, j'ai pris du recul sur la vie et ce que je vois en songe ou ce que je ressens, je me laisse à le discerner, à le comprendre, à me laisser aller.

L'aura bleue de mon fantôme vue en songe, révèle la présence de mon guide spirituel. J'aime cette image.

Le rêve de fantôme dans une maison est une image inquiétante, mais aussi un grand classique dans l'onirisme. L'analyse de ce rêve exprime le désir de paix, de guérison, de protection. Rêver de fantôme chez un adulte peut signifier que le processus de résurgence est en cours, que le rêveur est maintenant en mesure d'affronter ses fantômes et ses terreurs.

Rêver que vous êtes dans le siège du conducteur et conduisez dans l'eau peut être considéré comme un bon signe.

Cela montre que le moment est venu de renforcer votre position, mais vous devrez pour le moment, être un peu sous le radar et attendre votre chance.

Bien sûr, vous devez refaire surface à un certain moment, ne pas rester trop longtemps sous le radar.

Le sac à main, vu en rêve, combine la notion d'identité et ce que vous considérez comme ayant de la valeur. Rêver de sac à main symbolise l'intimité d'une femme et ses secrets.

=> Il y a des moments ou enfin on s'autorise à se poser, à s'apaiser... Depuis peu, j'ai pris du temps pour moi... Mon arrêt maladie et ma rupture conventionnelle ont été pris au bon moment. Prendre du recul sur mon parcours, ma santé, ma vie de famille.

Pour l'analyse des rêves concernant mon fantôme, on me dit capable d'affronter mes démons et mes terreurs. J'ai enfin grâce à mon ami enterré de nombreux boulets, j'ai commencé à vivre plus sereinement. Il est mon épaule quand j'en ai besoin tout en gardant mon libre arbitre, ma personnalité. Je lui fais confiance dans l'intimité...

Rêver de conduire dans l'eau et traverser cette épreuve me dit que je suis sur la bonne voie, c'est rassurant. J'ai des projets professionnels qui se dessinent, ma vie amoureuse est douce... Je suis enfin MOI.

Règle n°1 : Prendre soin de soi inclut le discours intérieur, se recentrer, trouver la paix intérieure est primordial.

.20. Notification de message

Le matin, mon ami se lève très tôt, il se prépare, m'embrasse et part au travail. Je me rendors en attendant la sonnerie de mon réveil. Des petits rituels qui ne se perdent pas, malgré les mois qui passent.

Bien sous la chaleur de la couette, mes yeux se referment.

****

Mon rêve :

Une notification sur mon portable, j'ai reçu un SMS.

****

J'entends la sonnerie du SMS, c'est réel, je vérifie mon téléphone, pas de message...

C'était mon rêve pourtant j'étais persuadée avoir reçu cette notification.

Les rêves sont dirigés par le côté émotionnel de notre cerveau, ce qui signifie que la partie logique, le néocortex, est éteinte. Ceci permet que l'on voie des choses absurdes et qu'on les considère complètement normales, mais c'est aussi ce qui empêche de lire quoi que ce soit dans un songe, comme une notification ou un message sur l'écran d'un mobile.

On est sensible aujourd'hui à chaque notifications ou sonneries de notre téléphone. Nous sommes devenus addicts à cet objet. Il a changé nos vies. Cette technologie a changé notre façon d'être, notre façon de faire, notre façon de penser. Un petit Bip et on est au courant à l'instant T d'un événement personnel, d'une information journalistique, d'un incident, d'un accident, ... Nous ne voulons plus rien manquer… Nous sommes stimulés continuellement, c'est peut-être pour cela, qu'aujourd'hui, nous sommes épuisés psychologiquement par toutes ces données. Lorsque l'on entend ce Bip, une impatience, une émotion, un stress peut nous envahir et on est enclin à vérifier, de suite, ce que c'est.

On fait ses courses, on met ses achats dans le coffre, une notification apparaît sur notre mobile pour savoir si on a aimé l'endroit !!! C'est angoissant ! Où est la limite de notre vie privée ?

Il est vrai qu'aujourd'hui que quand on a besoin d'une information, on la cherche sur Google. Quand on se sent seul, on va sur les applications de messagerie et on attend les notifications…

Nous sommes devenus des esclaves de nos téléphones, il s'est substitué à notre cerveau. Il compense nos oublis en notifiant nos rendez-vous, en nous rappelant nos souvenirs quand on partage des photos, en nous indiquant notre position géographique…

Ces notifications isolent, combien d'amoureux au restaurant regardent leur mobile plutôt que leur bien-aimé. Les repas de famille ou chacun a un œil sur son téléphone. C'est dommage de se priver de l'autre en vrai.

Il existe aujourd'hui une maladie sur cette addiction du portable ! La nomophobie, la peur de se retrouver sans son mobile.

Il va peut-être falloir, un minimum, lui redonner sa place d'objet utile, mais non addictif…

****

Rêver que vous recevez un appel ou une notification sur votre portable est un avertissement pour votre subconscient, vous êtes en train de prendre une décision sans réfléchir et dans la hâte.
Arrêtez-vous, respirez, lisez bien le contrat, demandez conseil à des personnes de confiance, voyez si cette relation en

vaut la peine, si c'est un bon moment pour commencer une affaire ou changer d'emploi. Révisez deux fois chaque pas que vous faites. Attention aux décisions précipitées.

=> Ce rêve est à nouveau le reflet de ma vie, j'avais deux lettres d'engagement pour du travail qui se trouvait loin de mon domicile, je devais répondre rapidement.

Je me suis dit « Non ! », prend le temps, prend du recul, analyse les différents scénarios.

J'ai écouté mes enfants, mon ami et le hasard de la vie m'a fait cliquer sur une annonce de Pole-Emploi, qui me correspondait pleinement. J'ai la joie d'avoir été sélectionnée et je commence bientôt. On pourrait, presque, dire que j'avais plutôt « rendez-vous » avec ces futurs employeurs, ceux avec qui j'allais faire un petit bout de chemin, nos emplois du temps se sont accordés sans notification de message.

« Il n'y a pas de hasard, il n'y a que des rendez-vous » (Paul Eluard).

.21. Prise d'otages

Pourquoi continuer à analyser mes rêves ?

Cela me permet d'ouvrir mes domaines de réflexion, de faire mon introspection, de m'intéresser à mon psychisme, à mon inconscient… Certains referment cette analyse comme une boite de Pandore, de peur peut-être d'ouvrir des questionnements qui pourraient faire peur. Pour ma part, c'est devenu une addiction, j'éveille en moi le besoin de comprendre ma façon de vivre, ma façon inconsciente de voir les choses, …

****

Le sujet de ce chapitre peut faire référence à de nombreuses personnes. On a tous été affectés de près ou de loin par cette tragédie, directement ou indirectement.

Une prise d'otage est une action visant à retenir des personnes contre leur volonté, afin de revendiquer quelque chose… C'est la définition même de cet acte abject...

Peut-on s'en sortir ? Peut-on après de telle scène vécue revenir à une vie normale ? La prise en otage est un combat pour survivre, la peur de mourir, on prend votre corps comme outil de monnaie… Les survivants, à de tels drames, doivent toute leur vie avancer en ayant été un pantin que l'on a manipulé avec violence.

Il faudra vivre avec ces traumatismes toute leur vie. Les syndromes de choc post-traumatiques devront être pris en compte et une aide devra être mise en place, car le propre de ces événements est le sentiment d'être seul avec sa propre histoire que personne ne peut comprendre si on ne l'a pas vécu...

Il existe aussi un autre genre de prise d'otage, plus insidieuse, celle que l'on dit émotionnelle. Elle ne se voit pas comme beaucoup de choses dans la vie.

On remarque un être humain battu, par les traces, les bleus sur son corps, mais qui voit la personne qui a subi la violence verbale, les regards glaciaux, l'alcoolisme d'un conjoint qu'il faut relever ou supporter ?

Ces brimades invisibles font que l'on arrive à l'abaissement de son estime de soi. La prise d'otage émotionnelle est une prison. La prise d'otage d'un groupe terroriste n'est pas mieux.

Il faut réussir à avancer avec cette grande fragilité émotionnelle, de peur…

****

Mon rêve :

Je suis dans un immeuble au dernier étage, je vois des hommes armés de Kalachnikov qui prennent en otage les personnes présentes. Ils me voient, me poursuivent, mais j'arrive à me cacher dans le haut d'un placard.

J'aperçois une fenêtre et je réussis à me sauver en sautant par celle-ci, j'atterris chez une famille. Ils sont dans une piscine à barboter, je me cache, ils me voient et me portent secours. Je leur raconte ma mésaventure.

Les preneurs d'otage me rattrapent, il va falloir trouver des solutions pour s'en sortir, cette famille se retrouve, malgré elle, dans mes péripéties, il s'engage une course poursuite... J'essaye d'appeler avec mon portable

****

Je crois que je vais finir par écrire un scénario pour faire un film. Mes rêves sont riches de folles histoires et souvent irréalistes.

Je prends le petit déjeuner avec mon ami et il me dit « Tu as rêvé cette nuit ? Tu as parlé, tu as dit tout fort : « Je n'ai plus de batterie !».

Cela résume bien la fin de mon rêve quand j'ai essayé d'appeler !!

Mes rêves… Ma vie …. L'analyse ….

Rêver de prise d'otage indique que votre famille et vos proches seront désormais votre priorité et votre plus grande préoccupation. Vous cherchez quelqu'un de spécial depuis longtemps

=> Ma famille est très importante pour moi, elle a toujours été ma priorité. Par contre, chercher quelqu'un de spécial a toujours été dans le coin de ma tête. Je le dis honnêtement, j'ai pris du recul sur mon divorce pour raconter ce que je vais écrire.

Je suis plutôt quelqu'un d'indépendant, autonome avec un caractère qui m'a permis de dépasser des épisodes compliqués de ma vie. Mon ex-mari a été l'homme qui ne m'aurait jamais fait de mal, il a été le père de mes enfants, mais au fond il manquait un élément très important.

J'ai été parfois son mentor, « sa mère », sa coach, ce n'est pas ce que j'attendais de ma vie de couple, j'avais besoin de quelqu'un avec de la maturité, de l'indépendance, du caractère, MAIS surtout une épaule pour poser ma tête et qu'il me dise *« ça va aller »* et que cela me redonne du baume au cœur pour les jours moins agréables.

Rêver d'armes à feu et se faire tirer dessus : Si on vous tire dessus avec une arme à feu, le rêve signifie que vous devez être conscient d'une possible calomnie dans la sphère professionnelle. **Soyez plus prudent dans vos tâches au travail, afin de ne pas être injustement accusé d'erreur.**

=> Le travail, un univers qui n'est pas des plus simple à vivre, mais pourtant nous y passons entre 7h et 10h par jour. Entre les trahisons des uns, la jalousie des autres, il existe quand même de belles aventures professionnelles. Des psychologues devraient analyser les comportements dans les sociétés, je pense qu'ils pourraient en écrire des livres. L'humain, capable du pire comme du meilleur…La pression que l'on demande à un employé aujourd'hui fait changer la façon d'être de certains. Oui, il faut être prudent au travail aujourd'hui, trouver le juste milieu et se protéger un minimum dans ses tâches quotidiennes. A la lecture de mes chapitres, vous avez compris que j'ai pris, comme beaucoup, mon lot de trahison et d'incompréhension dans le monde du travail. **Je suis prudente pour ne pas être injustement accusée d'erreur.**

Le rêve d'échapper à une prise d'otage signifie que votre chance pour l'avenir peut être ouverte en fonction de vos actions.

=> Je pense que l'on est tous acteurs de notre vie. Avec un peu de confiance en soi, on met en place des actions qui permettront de prendre des responsabilités, autant dans la vie personnelle que professionnelle.

Rêver d'immeuble symbolise le Moi et le corps. L'étage auquel vous vous trouvez, dans votre rêve, représente votre niveau de réussite future.

=> Dans mon rêve, j'étais au dernier étage ! Dois-je comprendre que je suis bientôt au summum de ma réussite ?

C'est le but d'une vie, avancer au fil du temps, grandir petit à petit, s'élever. C'est le chemin que j'ai acquis professionnellement parlant, j'ai gravi les marches de la hiérarchie, je connais aujourd'hui mes valeurs et mes savoir-faire. D'un point de vue humain et spirituel, on apprend sur soi, on évolue tout au long de notre vie jusqu'à la mort. Le but étant de devenir quelqu'un d'entier, de respect envers soi et envers les autres.

Rêver de sauter dans le vide et atterrir sans se faire mal symbolise votre insouciance et une personnalité enthousiaste qui aime relever des défis élevés.

=> Ma personnalité est bien reflétée par cette analyse, je n'ai peur d'aucun défi, il faut oser pour ne pas regretter. Cette vision de la vie m'a permis de ne jamais me noyer malgré les épreuves de la vie tout en gardant un sourire qui parfois, je l'admets, cachait une souffrance que peu pouvait ressentir.

.22. Ma belle-fille

Famille recomposée ! Qu'est-ce que cela implique… Un couple d'adultes et des enfants que l'un et l'autre ont eu d'une précédente union. Parfois, un bébé peut lier cette nouvelle alliance, cette nouvelle fratrie.

Comment faire communier tout ce petit monde sous le même toit avec des éducations différentes, des habitudes, des principes que chaque adulte avait avant ?

Pour établir les bases d'une famille recomposée, il faut présenter son nouvel amour à ses enfants, c'est un moment crucial. Il faut être sûr de la durabilité de la relation pour ne pas exposer l'enfant à une nouvelle blessure d'attachement en cas de rupture.

Pour que le lien d'attachement s'établisse, il faut du temps et des partages de moments agréables. Si l'enfant et le beau-parent s'intéresse à l'un et l'autre, le lien se tissera et une relation positive pourra s'établir. Les balises relationnelles seront posées.

« Même sans l'même sang, on s'aimera » Comme dit Vianney dans sa chanson, « beau papa »

Il est possible de s'épanouir dans cette nouvelle tribu si tout le monde trouve sa place.

Aujourd'hui, elle se compose de mes trois garçons de 19, 17 et 10 ans et de mes 2 beaux-enfants, un garçon de 19 ans et une fille de 16 ans.

Je vais vous parler de ma belle-fille, ce qui nous lie et ce qui fait qu'aujourd'hui existe une belle complicité.

C'est la fille de l'homme que j'aime, elle a un caractère bien affirmé, une vision droite de la vie. Elle sait ce qu'elle veut et où elle veut aller, elle se donnera les moyens d'avoir ce qu'elle envisage.

Son papa l'a élevée dès son plus jeune âge, il a tout fait pour qu'elle soit une petite fille heureuse et épanouie.

Quand j'ai rencontré l'homme qui partage ma vie, il m'a dit une phrase que je n'oublierais pas *« Si tu plais à ma fille, tu as tout gagné »*. J'ai de suite compris qu'une grande complicité, qu'un amour fusionnel filial invisible existait, que leur relation était très importante pour lui et pour elle. Que la femme que j'étais, devait trouver sa place sans casser la relation qu'ils entretenaient.

Ma belle-fille m'a été présentée quand nous étions encore en confinement avec les fameuses « dérogations de sortie », mon ami m'a invité chez lui pour quelques jours. Nous nous sommes retrouvées dans la cuisine, elle préparait des smoothies et nos regards se sont croisés. Pas facile de définir ce qu'il se passe dans la tête de nos enfants à ce moment-là. Je pourrais dire que je le savais un peu, car je suis aussi une enfant de divorcée et les présentations des amoureux de ma maman ne passaient pas toujours…

Je suis restée comme je le suis tous les jours, à l'écoute et attentive aux ressentis. Nous avons vite trouvé un terrain d'entente, la mode, les vêtements et nos discussions se sont faites naturellement. Au fil du temps, une belle complicité s'est installée.

Cette petite fille a été soulagée de pouvoir enfin vivre son adolescence en pouvant laisser son papa à quelqu'un en qui elle avait confiance. Elle l'a toujours protégé, elle voulait qu'il soit heureux.

Pour moi, il est beau de voir la complicité qu'il a avec sa fille, moi qui n'ai jamais connue ce vrai ressenti. On ressent l'amour d'un père à sa fille, ses regards, leurs sourires, mais aussi leurs prises de tête, c'est beau à voir et je ne permettrais jamais de couper ce lien qui les unis.

Toutes les deux, nous discutons beaucoup, elle sait qu'elle peut me faire confiance. Je ressens aujourd'hui que j'ai une petite place pour ses tracas, ses décisions, ses émotions. Elle sait que j'aurai toujours une oreille pour elle. J'ai mes trois enfants naturels, mais j'ai maintenant deux enfants qui sont venus se greffer à mon cœur de maman. Son frère a également sa place aussi avec moi, j'ai pu lui porter mon attention a des moments plus compliqués de sa vie d'adolescent.

J'ai rêvé d'elle…

****

Mon rêve :

Je porte une bassine de linge sale que j'emmène à la machine, je croise ma belle-fille qui disparait rapidement dans une pièce avec sa copine, la porte se ferme et j'entends qu'elles discutent. Je ne sais pas encore, mais j'ai senti, à son regard, qu'elle m'a caché quelque chose.

Je descends les marches pour ranger mon bac à linge au sous-sol et j'aperçois un trou dans le mur de la pièce ou elles se trouvent. Par instinct, je colle mon oreille et j'entends parler de test de grossesse. Ma belle-fille serait enceinte ?

Nous nous retrouvons et je lui pose la question, je lui fais refaire un test qui s'avère positif. On se regarde et je lui dis : « Je vais préparer ton père pour que l'on prenne les bonnes décisions »

****

Au réveil, deux ressentis différents !

Ma bassine de linge sale : Quand on parle de famille recomposée avec plusieurs enfants, on multiplie les lessives… Je constate que cela me suit même dans mes rêves, je suis obnubilée par la quantité de linge à laver, à sécher, à plier. Cela m'a fait sourire.

Le deuxième ressenti : le regard de ma belle-fille dans mon songe, quand on a vu que le test était positif. Dans la vraie vie, je pense qu'elle aurait eu le même je pense... Ce qui est vrai, c'est que je ne l'aurai pas laissée tomber, je l'aurai épaulée pour en parler à son papa pour trouver les solutions les plus adéquates. Elle fait partie de ma vie désormais comme si elle était ma propre fille.

Que me dit l'analyse des rêves ?

Voir votre belle-fille dans votre sommeil peut signifier que vous vous inquiétez du sort de vos proches et de votre avenir ensemble.

=> Je m'inquiéterai toujours pour mes proches, c'est en moi, j'aimerai qu'ils ne connaissent pas le malheur, les trahisons, les blessures. C''est utopique, mais si je peux être au moins l'écoute de leurs tracas et être de bon conseil, c'est un bon début.

Si vous rêvez de votre belle-fille enceinte, cela peut représenter un besoin de protection de la femme

=> Je me dois d'être la protectrice de la construction de la femme, j'ai été blessée petite fille, j'ai survécu adolescente, j'ai avancé femme, je me construis encore aujourd'hui.
Ma belle-fille fait partie de ma vie maintenant, dans notre noyau recomposé majoritairement masculin, nous sommes toutes les deux les dignes représentantes féminines, elle aura toujours ma protection et je ferai au mieux pour la guider pour devenir une femme libre de ses choix.

.23. L'infidélité

Dès que l'on tombe amoureux, on voit en son partenaire celui qui nous fera briller les yeux le plus longtemps possible. On attend une connexion, des échanges, de la confiance, des envies communes pour aller sur le même chemin sans y mettre de virages trop abrupts et dangereux.

On a tous eu des vies amoureuses avant d'être avec celui qu'on aime, souvent des amourettes, mais aussi de vraies histoires d'amour, elles ont fait partie de la vie de chacun. Certains ex-conjoints ont marqué, restent encore présents inconsciemment, ils sont gardés dans un coin du cœur, car ils ont pu être présents à un moment complexe ou important de notre vie…

J'ai connu ce sentiment très longtemps avec mon premier grand Amour, je vous avais parlé de lui au travers quelques chapitres. Aujourd'hui, j'ai fait le deuil de LUI, car nous avons pu exprimer nos ressentis profonds de nombreuses années après. Il s'est excusé de m'avoir blessée profondément alors que j'étais là pour le relever, l'épauler dans ses épreuves de vie.

Quand on est amoureux, on refuse la tromperie, l'infidélité n'a pas de place dans un couple. On ne peut même pas imaginer partager celui que l'on aime. Cette trahison est tellement complexe dans la construction de soi, de la confiance que l'on peut avoir dans l'être humain. Malheureusement, cela reste aujourd'hui une des principales causes de séparation, de divorce.

Mon géniteur a été infidèle toute sa vie et cela même après trois ans de mariage avec ma mère. Pour ma part, je ne conçois pas que l'on me trompe. J'ai prévenu chacun des hommes qui ont fait partie de ma vie amoureuse que je préfère que l'on mette fin à notre histoire, que de me retrouver dans cette configuration de vie.

Je n'ai peur de rien mais ça, je l'appréhende beaucoup.

C'est une souffrance émotionnelle qui est liée à la peur permanente d'être abandonnée. On met en place un système de défense pour se protéger d'une traîtrise, d'une déception, d'une infidélité, d'un abandon, d'une séparation... Avant même qu'elle ait lieu !

La personne qui partage ma vie a été et reste un homme qui aime les femmes. Il aime plaire, il aime ce regard qu'on peut poser sur lui. De mon parcours de vie, je reste vigilante aux signes avant-coureurs.

En conclusion et en résumé, cette peur de l'abandon peut générer des pensées négatives…

****

Mon rêve :

Je me sens très mal à l'aise, je suis à côté de cet homme qui partage ma vie, et il me présente son ex. Une qui a compté pour lui, je me sens toute petite, remplie de gêne et de mal-être.

Il s'éclipse, est-il parti avec elle ? Je me sens trahie, il sait très bien que cette femme, je l'appréhende car il n'a pas fait le deuil de cette histoire.

****

La sonnerie de son réveil m'a sortie de mon songe, je ne connaîtrais pas la suite. Et à vrai dire, je ne préfère pas le savoir.

Je me suis rendormie et j'ai de nouveau rêvé …

****

Mon rêve :

Je suis assise sur un banc, un homme que je ne connais pas, mais qui me semble bien proche, pose sa main dans le bas de mon dos. Toi, l'homme qui partage ma vie aujourd'hui, t'en rend compte et tu n'apprécies vraiment pas ce geste déplacé…

Par la magie du rêve,

Je me retrouve avec cet homme dans un lit, sa copine est à côté. Il me fait passer pour sa meilleure amie.

****

Dans un couple, on sait que rien n'est acquis. Il ne faut pas laisser la liberté à l'autre de se laisser séduire par quelqu'un qui pourrait lui donner plus d'importance.

Il faut s'aimer entièrement, se sentir important aux yeux de l'autre, avoir des petites attentions subtiles qui font plaisir, redonner des papillons dans le ventre, surprendre, montrer à ceux qui vous entourent, que celui qui partage ta vie, est important, …

Des petits moments qui font que le temps avec l'autre devient des minutes, des heures, des années et que l'on a envie de ne vivre qu'avec la même personne jusqu'à la mort.

Un sujet qui perturbe toute personne qui aime sincèrement. L'analyse des rêves peut-elle m'aider à dépasser ce sentiment si difficile à mon for-intérieur ?

Rêver de tromperie symbolise tout ce qui a trait dans la vie au sentiment de culpabilité et d'insécurité. Rêver de se faire tromper par son copain, femme ou petite-amie est un scenario relativement commun qui est associé à un manque de transparence dans votre relation, à un problème d'abandon ou à l'impression de ne pas être pris en compte.

Se faire tromper ou tromper un partenaire peut également symboliser des envies sexuelles qui ne sont pas faciles à exprimer. Ou encore, la tromperie dans votre rêve peut indiquer que vous n'êtes pas complètement honnête envers vous-même.

Rêver de l'ex de son compagnon pourra de plus, signaler qu'un accident va arriver. Vous êtes un peu faible à l'heure actuelle. Vous ne vous nourrissez pas souvent suffisamment. Une cure de vitamines semble être une bonne idée. Vous êtes prévenant et bienveillant avec les gens qui vous entourent, il est temps que vous vous occupiez de vous. Être bien dans son corps est essentiel pour le développement personnel et le bien-être général.

=> Rêver de tromperie symbolise tout ce qui a trait dans la vie au sentiment d'insécurité et est associé à un manque de transparence dans la relation, ou à l'impression de ne pas être pris en compte, me parle…

Il est vrai, qu'aujourd'hui, après un divorce qui m'a fait poser beaucoup de questions sur l'attente d'un couple, j'ai compris que l'infidélité peut arriver au moment où l'autre ne te donne plus d'importance, ne te regarde plus, ne t'apporte plus ce qui te faisait vibrer, ...
Trois ans avant cette séparation, je me suis questionnée sur les regards que les hommes posaient sur moi, il faut avouer que j'aurai pu céder à des avances, … Je n'ai jamais succombé à la tentation, car je respectais mon mari et pourtant il ne m'apportait plus rien.

En conclusion : Une discussion est nécessaire au sein du couple quand l'idée de se laisser séduire par autrui germe dans l'esprit. C'est une alerte qu'il ne faut pas minimiser, c'est pourquoi, si l'amour est toujours présent, il faut chercher ce qui manque dans sa vie pour redynamiser la belle énergie qui caractérisait le couple. Si son partenaire ne le comprend pas, et ne veut faire aucun effort, attention, car on peut se dire que la porte du désir inassouvi peut s'ouvrir sur des attentions qui pourraient venir d'une autre personne.

.24. Le cercueil d'un ami

Mon rêve :

Une dune de sable est devant moi, je suis accompagnée de plusieurs personnes munies d'une pelle. Ils vont m'expliquer comment ils gèrent les cercueils dans un caveau de sable.

On monte sur ce monticule et je vois ce trou béant. On s'approche doucement, au fond, je vois cette dernière demeure en bois.

On descend dans cette cavité sableuse, le cercueil est ouvert, j'aperçois un visage. Il nous regarde…

C'est lui, je le connais, c'est un ami ! Est-il vivant ? Est-ce juste une simulation pour comprendre comment gérer cet enterrement particulier ?

Je me sens prise d'une angoisse grandissante…

****

Toujours des réveils compliqués après un tel rêve. Je connais la personne que j'ai vue !

C'est un ami de jeunesse de mon conjoint, on se voit régulièrement pour diverses occasions festives.

Je n'ai pas osé parler de ce songe par peur de faire souffrir et faire de la peine, à mon ami. Il est toujours délicat de parler de la mort, surtout celle de quelqu'un à qui l'on tient.

****

En règle générale, j'écris relativement vite le chapitre qui relate mes rêves mais, parfois, il faut du temps.

Je suis depuis quelques temps dans la réflexion du pourquoi de mes écrits, y-a-il un intérêt de comprendre ce qui m'envahit la nuit ? Y-a-t'il un intérêt que l'on me lise ?

J'ai laissé passer quelques mois pour laisser mûrir ce rêve, j'avais besoin sûrement d'une pause d'écriture, de recul sur ma vie réelle, savoir ce que j'attends aujourd'hui, ici et maintenant...

****

Dans la vraie vie, nous finissons par perdre les gens que nous aimons, la maladie, les accidents, le grand âge. C'est une épreuve difficile pour tous même si, au fond, nous connaissons et devons accepter le cycle de la vie.

Nous sommes dans ces moments-là, envahis par différentes émotions, la peine, la colère, l'impuissance, le vide, …
La mort des autres nous fait prendre conscience de notre condition mortelle, car nous aussi, nous passerons de vie à trépas.

« Pourquoi meurt-on ? Que se passe-t-il après ? De la mort dans sa concrétude, on ne sait rien. Nous n'avons que des fantasmes, c'est-à-dire un savoir inventé pour se rassurer », insiste Françoise Dolto.

Je n'ai pas peur de la mort, je l'ai côtoyée de près par la perte d'être cher et je l'approche dans mes rêves, car je vois des défunts que j'ai connu. Les fantômes sont venus me hanter la nuit, c'est grisant et à la fois perturbant. Jeune, j'ai vu une voyante qui m'a dit que j'avais un canal avec la mort. A 17 ans, je n'étais pas prête à entendre de telle vérité.

****

Cet ami que j'ai vu en songe est une personne investie dans ses projets, il gère sa ferme avec sa femme, des personnes au grand cœur qui donneraient leurs âmes pour leur famille et leur travail.
C'est un couple que j'apprécie beaucoup pour leur sagesse de vie, pour le regard qu'ils ont sur ce qui les entoure.

La terre les épuise, c'est un métier qui demande un investissement de tous les jours avec parfois des moments qui posent des questions sur le devenir.

Dernièrement, ils ont eu un accident avec leur tracteur, ils s'y trouvaient tous les deux et celui-ci a basculé dans un fossé.

Ils sont ressortis l'un et l'autre bien abimés, il leur a fallu quelques mois pour qu'ils se remettre de cette peur, avancer malgré les angoisses, les doutes, les questionnements, …

Ils ont flirté avec la mort et surtout l'angoisse de perdre l'un ou l'autre.

****

Pourquoi ce rêve un peu irréaliste, un caveau de sable et un cercueil ou était cet ami me regardant !

Peut-être me disait-il, « je ne fermerai pas les yeux, même dans les moments les plus sombres ou difficiles ? »

Voyons ce que me dit le dictionnaire des rêves.

Voir un ami dans un cercueil est le présage que vous aurez une nouvelle de lui.

=> Il est vrai que nous allons les voir bientôt, ce groupe d'amis a mis en place des dates phares qui permettent de se retrouver pour des moments joyeux. C'est l'occasion de discuter, d'échanger, de rigoler et rajouter des beaux chapitres de leur complicité dans leur livre d'amitié.

Rêver de voir une dune de sable dans votre songe, vous révèle que vous désirez être protégé de l'agressivité et de la réalité du monde extérieur.

=> C'est vrai que le monde extérieur me fait peur, je suis relativement forte par mon parcours, mais terriblement fragile par les réactions du monde qui m'entoure. Je ressens intensément les faits, les évènements, les douleurs, les joies, les peines, …

J'ai développé une hypersensibilité, elle m'aide dans beaucoup de domaine, mais me rend parfois vulnérable au contact des autres.

Je recherche aujourd'hui les personnes qui vont me protéger, celle qui ont le cœur et l'âme vraie.

Rêver d'enterrer quelqu'un dans le sable signifie que vous aurez la chance d'aider un être cher à sortir d'une crise financière. Vous parviendrez à lui trouver un travail avec un salaire décent grâce à vos relations et connaissances.

=> Aujourd'hui, je bénéficie d'un réseau professionnel qui pourrait aider quelqu'un à sortir d'une mauvaise situation. Il faut rester à l'écoute de la demande d'aide, même subtile. Il n'est pas toujours facile d'avouer que l'on a des soucis financiers, nous avons tous notre fierté.

Rêver de cercueil en bois, spirituellement, c'est le reflet des changements qui s'opèrent à l'intérieur de vous, c'est un symbole de renaissance spirituelle et d'éveil d'une nouvelle conscience de qualité.

=> Toutes ces années passées, que devons-nous en faire ?

- J'apprends à m'en servir un peu tous les jours, j'ai besoin de savoir ce qui bouillonne au fond de moi, la vraie Valérie, celle qui ne doit plus être celle que l'on attend.
- J'ai besoin d'exprimer ce que je ressens même si cela ne plait pas.
- J'ai besoin de sortir mes colères, même si elles ne sont pas comprises.
- J'ai besoin que l'on ne me dicte plus ce que je dois faire.
- J'ai juste besoin d'être en pleine conscience de mon moi et trouver mon bonheur intérieur.

C'est quoi la connaissance ou la conscience de soi ? Cela signifie être conscient de que l'on est en substance.

C'est découvrir au plus profond de soi quelles sont ses principales caractéristiques, ce qui nous fait vivre, aimer, vibrer, détester, …

Ce qui au fond, fait des nous l'être unique que nous sommes.

.25. Mon collègue de travail

Le travail ! On y consacre énormément de temps. Il nous permet de gagner notre vie, avoir une place dans notre société si complexe. Que recherchons-nous dans cette quête de travail, que nous apporte-t-elle vraiment ?

Le temps que l'on y passe est, à mon sens, autant de temps perdu. Pourquoi perdu ?

Parce qu'il n'est plus disponible pour des choses plus importantes et parce que sa pénibilité use et grignote l'espérance de vie… Pourrions-nous utiliser ce temps à des activités plus plaisantes ?

Un véritable débat !

Pour ma part, le travail a été une source d'apprentissage sur de multitudes compétences, j'ai appris énormément auprès des diverses sociétés dans lesquelles je suis passée. Il m'a permis la découverte de différents métiers au sein d'un établissement, il m'a ouvert l'esprit aux différentes tâches de chacun.

Je suis curieuse et gourmande de nouveaux savoirs, il ne faut pas rester sur ses acquis, et partager au mieux ensuite ses compétences.

A la finalité, il faut utiliser le temps que l'on passe dans l'entreprise avec un objectif de transmission, de développement, d'échanges collectifs, …

Au travail, le personnel est souvent très hétéroclite avec des caractères différents, on retrouve les carriéristes, les investis, les profiteurs, des discrets, les serviles, les profiteurs, les travailleurs, les feignants avec des façons d'être qui peuvent être porteuses ou destructrices…

C'est un panel qui représente assez fidèlement notre monde actuel !

Quand on se met en position d'observateur des habitudes, des façons d'être de chacun, on découvre la complexité du genre humain ! L'amitié qui lie certains et ce qui fera que la relation sera bonne, pourra être très néfaste pour d'autres.

****

Pour ma part, j'ai connu beaucoup de collègues de travail, car j'ai changé souvent d'entreprise. Un choix qui ne m'a pas été imposé, j'aime utiliser mon libre-arbitre de quand je dois partir vers de nouveaux horizons. J'y ai connu de belles personnes, d'autres plus avares de succès et certaines que l'on n'aurait jamais dû connaître, …

J'ai récemment repris contact avec une personne qui m'avait fait beaucoup de mal dans l'une de ces sociétés, elle s'est retrouvée dans la même position que moi quelques mois après mon départ.
On pourrait dire que cela était mérité, mais j'essaie toujours de relativiser les faits.

J'ai senti qu'elle souhaitait reprendre contact avec moi par l'intermédiaire des interactions sur mon réseau professionnel, je lui en ai laissé l'opportunité, via un message. Elle s'est excusée du comportement inapproprié qu'elle avait eu à mon encontre quand je travaillais là-bas et m'a raconté sa version des faits. Lui faisant une confiance toute relative, je lui ai juste répondu qu'il y a des impacts sur une personne quand on profère des jugements non fondés, que cela peut être préjudiciable sur un développement personnel.

Elle m'a dit qu'elle comprenait, car elle venait, à son tour, d'en subir aussi les conséquences.

Si tout le monde, dans le travail, pouvait être juste un bon professionnel et voir ses capacités récompensées sans pour autant vouloir à tout prix écraser l'autre…

Aujourd'hui, je suis dans une petite entreprise qui a pris un essor important en une année. Nos deux patrons, jeunes entrepreneurs, se sont entourés de mon collègue pour son côté technique et polyvalent et moi pour mon côté administratif et également polyvalente, nos poseurs complètent l'effectif pour le côté opérationnel.

D'instinct, avec mon collègue, une belle alchimie professionnelle s'est développée. L'essor d'une entreprise doit passer par la compréhension du besoin de l'autre dans ses tâches.

Pour faire des tableaux de bord nécessaires à la bonne gestion d'entreprise, il faut en comprendre la technique et pour être un bon technicien, il faut savoir le mettre sur papier de façon claire et précise. C'est vraiment un réel plaisir d'occuper un poste avec un environnement où l'on peut enfin donner de soi sans ressentir quelque chose de malsain.

Sans être préjudiciable à l'entreprise, la discussion nous emmène, mon collègue et moi, à mieux nous connaître, échanger sur différents sujets, se confier sur nos vies... Celles-ci nous ont malmenées de façon différente, mais à la finalité, on a été blessés tous les deux, par des épisodes douloureux.

Une amitié est née de notre rencontre, nous savons, l'un comme l'autre que l'on peut se faire confiance

Il faut juste être vigilant pour ne pas dépasser les limites dans les relations amis Homme/Femme, il s'agit de le faire comprendre à notre entourage pour que cela ne génère pas de jalousie.

Nous sommes complémentaires au travail, c'est un fait et nos questionnements divers sur la vie nous permettent d'avoir, pour moi, sa vision d'homme sur ce que je vis et, pour lui, d'avoir ma vision de femme sur ce qu'il vit.

J'ai lu un article sur Internet qui parle d'un MdB (Mari de Bureau), cela m'a fait sourire, ils le traduisent comme cela : *« C'est*

un petit trésor qui aide à supporter et affronter le quotidien, il nous ouvre des horizons insoupçonnés et nous soutient
Lui, c'est un collègue, avec lequel on s'entend bien, probablement marié, ou en tout cas ayant une vie en dehors du travail, et au fil du temps avec qui on commence à papoter de plus en plus.
De fil en aiguille, de dossiers en déjeuners, on se confie à lui, et vice-versa, à propos de tout, de rien, du travail, puis de nous et jusqu'à notre vie de couple. Mais sans connaître avec lui aucune tension liée au… Problème de la vie à deux, justement !!!
Bref, le MdB est en effet un confident précieux que l'on rejoint avec entrain au bureau et qui nous rend la vie plus facile. »

En conclusion, j'ai découvert mon MdB et je vais allégrement au travail, car je sais que cette belle personne m'y attend !

Il est vrai qu'il ne faut être vigilant pour ne pas franchir ce pas fragile qui pourrait devenir de l'attirance !

****

Après de longues journées de travail, il est temps d'aller dormir et apaiser son esprit par une nuit réparatrice ou non…

****

Mon rêve :

Je suis dans la voiture de mon collègue, il m'emmène chez lui, on arrive devant une maison gigantesque avec un bosquet tout autour. (Je tiens à préciser que je n'ai jamais été chez lui ou vu de photos).

On éprouve l'un envers l'autre une attirance forte, il me fait visiter sa maison, personne n'est présent. Il s'approche de moi, mais arrivent soudain au loin, sa femme, sa fille et des amis du couple.

Il veut m'extraire de la maison, nous empruntons un vrai labyrinthe avec plusieurs escaliers. On arrive dans un endroit qui ressemble à un bar, il y a un comptoir avec de hauts tabourets.

Sa famille et amis arrivent et ils s'installent, je fais office de serveuse. Une gêne s'installe, je croise le regard insistant de sa femme, … Elle m'offre un sucre, car je me sens proche du **malaise, je sens bien à son comportement, qu'il** *n'est pas mieux.*

Ils partent à l'intérieur de la maison et il me raccompagne vers l'extérieur, quand sans prévenir, arrive son chien de couleur marron aussi grand qu'un cheval, il me dépasse en taille juché sur ses 4 pattes.

Mon collègue me prend dans ses bras et il me dit : « N'ai pas peur, il sait ressentir si tu es une bonne personne pour moi »
Le chien m'a contourné, m'a reniflé, et m'a finalement adopté.

Magie des rêves… On se retrouve en version dessin animé…

Je suis en robe de princesse Sissi, mon collègue m'offre un médaillon et me regarde avec insistance. Je ressens en lui un désir profond de vivre intensément une histoire, qui ne sera pas que professionnelle....

****

Quel réveil perturbant !!

Effectivement, il n'y a qu'un fil entre le lien d'amitié homme/femme, il est facile de faire disparaître ses principes de sagesse, surtout dans un rêve.

Je lui ai raconté une partie de mon rêve le matin même, cela l'a fait sourire, j'ai fait de même avec mon ami qui m'a dit « J'aurai préféré que tu rêves plutôt de moi ! »

Une analyse s'impose, il m'est resté surtout en tête ce labyrinthe d'escaliers, le chien et le médaillon.

Rêver de labyrinthe d'escaliers, est l'image d'un questionnement vis-à-vis des relations autour de vous. Rêver d'escalier en intérieur exprime un désir de paix intérieure ou de solitude pour faire le point sur soi.

=> Je suis effectivement dans une période de recherche d'apaisement intérieur, sauf que le monde autour de moi, ne s'apaise pas !
Il faut être sur le front de la parentalité, sur le front de la relation amoureuse, sur le front de la réussite au travail et sur le front de ne pas s'oublier, sur le front de comprendre pourquoi les relations familiales sont difficiles, sur le front (je parle de moi) du handicap d'une maladie qui devient invalidante, …
Je n'y arrive pas en ce moment, car je ne peux pas exprimer le malaise profond que je traverse, que je ressens.
A QUI CRIER QUE J'AI BESOIN D'UNE EPAULE POUR PLEURER ET D'UNE OREILLE POUR ECOUTER ?
Tout le monde est pris par sa vie…
Sauf mon MdB qui a trouvé en moi une écoute et j'ai trouvé en lui son écoute, on ne se juge pas, nous n'avons pas de lien affectif qui pourrait devenir une incompréhension.

Rêver de chien géant signifie que vous êtes en quête de fidélité dans les rapports amoureux et amicaux. Le chien géant fait référence à la loyauté et la fidélité dans vos rapports aux autres. Il faut chercher les émotions que le chien transmet et le contexte ou ce qui se passe réellement dans le rêve.

Rêver de chien géant marron annonce une dispute violente avec quelqu'un de l'entourage. L'apparition d'un chien géant est en général le signe avant-coureur d'évènements difficilement gérables.

Le chien géant en rêve peut symboliser un trop-plein de sentiments que vous n'arrivez pas à gérer.

=> Qui n'est pas en quête de fidélité ? On cherche tous à être important aux yeux de l'autre, être assez important pour que le conjoint ou ami ne vous délaisse pas. On dit souvent que le chien est l'ami le plus fidèle de l'homme, pourquoi ne dit-on pas que l'homme est le plus fidèle ami de l'être humain ? C'est dommage…
Les événements difficiles, qui peut prétendre de ne pas en vivre ?
La vie nous mène, nous malmène avec différents stades de vie à gérer et à supporter des étapes complexes.
Il est juste gardé la notion de se dire *« Comment vais-je aborder tout cela ? »*. Il va falloir s'armer, être patient, encore apprendre de soi pour aborder ces évènements et essayer de les résoudre.
Oui, il y aura des trop-pleins de sentiments qui ne sont pas toujours simples à comprendre, c'est indéniable, car un chambardement intérieur laisse souvent des traces, de la peur, des angoisses, des larmes, …

Rêver de médaillon : Il est censé être un objet possédant une utilité décorative, lorsqu'il apparaît à travers un rêve la signification de cette parure est plus riche. Il peut être porteur d'agréables nouvelles, surtout lorsque pendant son sommeil, on reçoit un médaillon de la part d'une personne.
Cette interprétation positive a pour but de vous montrer qu'une personne de très proche prendra soin de vous. Comme il l'a toujours fait depuis que vous vous connaissez, elle sera toujours présente pour veiller à ce que vous ne manquiez de rien.

=> Ce médaillon m'a été offert dans mon rêve par mon collègue. Vous avez compris que cette personne a une importance dans mon parcours de vie professionnelle et personnelle.
Dans l'interprétation, on dit que cette personne prendra soin de moi et que depuis qu'il me connaît, il sera présent pour veiller à ce que je ne manque de rien. Il est vrai qu'il est mon confident, une oreille bienveillante, un réconfort. On entretient une belle relation de

travail, toujours dans le respect et surtout dans le rire et les blagues, et cela, même dans les moments un peu tendus. Il prend soin de moi, mais je fais aussi attention à ses états d'âme et je suis également attentive et compatissante à son chemin de vie.

      La complicité est une belle découverte pour moi, je donne si peu ma confiance. Il existe de belles rencontres d'âmes qui amènent à vivre une vie plus apaisante quand simplement l'autre est là.

.26. Les dates anniversaires, 3 ans !

Les dates anniversaires, on les aime ou on les pleure.

Pourquoi ? Il y a diverses raisons, on peut fêter des moments heureux comme une naissance, une rencontre, un événement marquant ou au contraire des moments difficiles comme la perte d'un être cher, d'une annonce d'une maladie, d'une blessure, …

Ces dates sont importantes, car elle marque des étapes, mais c'est aussi le décompte, d'un point de vue pragmatique, de la durée de notre vie.

C'est également l'occasion, ce jour-là, de choyer plus qu'à l'accoutumée, de réaliser certains souhaits, d'offrir un moment privilégié, d'épauler, ...

Ce chapitre va être écrit à un moment de ma vie où je cherche vraiment ce qu'elle représente, pourquoi tout ce parcours, pourquoi toutes ces expériences, pourquoi tous ces malheurs, pourquoi toute ces questions sur ma façon d'être, pourquoi j'attire mais aussi pourquoi j'interroge ?

On sait qui l'on est, on sait ce que l'on vaut, mais pourquoi parfois sommes-nous si mal à l'intérieur ? Il est vrai que l'entourage personnel, professionnel, les individus qui nous entourent ne nous donnent pas forcément des bons indicateurs sur notre « personne ».

Il est bon de se recentrer et d'écouter ce petit « moi » intérieur qui demande à être compris, aimé.

Ce petit « moi » doit devenir un grand « moi » tout en restant humble, vrai et empathique.

Il y a 3 ans, le 15 Avril, j'ai rencontré, en pleine guerre sanitaire (La Covid était le sujet premier des informations à ce moment-là), une personne chère à ma vie.

Aujourd'hui, on partage le même toit et on continue par des moments privilégiés à se découvrir, à chercher ce qui nous relie, nous attire. Deux personnes indépendantes dans leur façon d'être, mais qui aujourd'hui ne peuvent se séparer.

Il y 3 ans, nous sommes partis pour un week-end en amoureux. C'était l'un de nos premiers moments privilégiés, apprendre à se connaitre en dehors de nos habitats respectifs, il avait été constructif et avait confirmé notre besoin d'être ensemble.

Nous avons séjourné en chambre d'hôte dans une bâtisse remplie d'histoire et chargée d'une âme indéfinissable. Une véritable oasis au cœur de la ville, alliant le végétal et le minéral. La propriétaire est à l'image de son lieu, un personnage hors du commun.

D'emblée, j'ai aimé ce qu'elle reflétait, un mélange d'une femme indépendante, un être lumineux, forte de sa culture juive et tournée vers le domaine de la spiritualité, un chemin qu'elle a suivie par la rencontre de diverses personnes influentes dans ce domaine.

Ce lieu m'a permis de valider l'édition de mon premier tome sur les rêves « Le rêve… Le Reflet de la Vie ??? », en ouvrant la porte de cette bâtisse, mon regard s'est posé sur deux anges posés sur un rebord de fenêtre et un panonceau évoquant « L'atelier des rêves ».

Il y a des lieux qui attirent, il faut se laisser guider !

Pour fêter nos 3 ans de rencontre, on se décide de retourner dans cet endroit fascinant, aussi atypique qu'attirant ! Ce lieu est toujours en activité malgré cette crise COVID, aujourd'hui, la propriétaire propose à ses clients, une séance de ré-ancrage énergétique à ceux qui peuvent être intéressés et sensibles à ces techniques.

En ce moment, je n'arrive pas à avancer sur mes chapitres, je dirais comme dans ma vie, période de transition et de recherche de mon moi intérieur.
Pourtant, mes nuits sont surchargées de multiples rêves, mais au réveil aucun souvenir.

Nous arrivons devant la porte de cette bâtisse, il y a 3 ans, nous ne savions pas où nous mettions les pieds. Là, c'était moins énigmatique. On savait ce que l'on allait découvrir et pourquoi on y retournait.

Ce petit bout de femme nous accueille, elle est restée égale à elle-même, elle n'a pas changé, juste grandie par ses expériences de maison d'hôte. Elle fête aussi ses 3 ans d'exercice comptable, on faisait partie de ses premiers clients.
Elle nous raconte que rien n'a été simple, car la réussite et être différent, amène de la jalousie.
Elle est de religion judaïque et nous explique, qu'il y a quelques temps, son établissement avait été saccagé par des voyous envoyés par la mairie. Être en 2023 et ressentir encore les travers de la guerre, les injustices antisémites, les propos racistes, est incompréhensible, tout cela restera dans certaines mémoires !!!

Ce samedi, nous avons posé nos valises dans ce même studio, arpenté les allées du marché où nos pas avaient déjà foulé ce lieu. Aujourd'hui, dans une ambiance beaucoup plus agréable et respirable, car les masques chirurgicaux étaient bannis !
Notre hôtesse me propose une séance de « nettoyage énergétique » le lendemain matin.

Une belle journée s'annonce, une soirée bras enlacés qui fait du bien. Il faut savoir s'accorder ces moments de détente, sortir de son environnement pour savourer les petites douceurs de la vie.

Dès 9h30 le lendemain, je descends retrouver notre hôte, elle m'installe dans sa salle de soin. Cet endroit amène de suite à l'introspection, une table de massage entourée de cristaux aussi grands que beaux, certains suspendus avec différentes formes, …

Elle m'allonge et me pose deux cristaux dans les mains, une bouillote sur mon ventre, un plaid pour rester au chaud et une musique relaxante, … Elle me demande de fermer les yeux, de me laisser guider et de profiter de la séance. Elle fait vibrer les cristaux suspendus et me laisse à mon nettoyage spirituel.

Je me laisse aller à cette quiétude, je me concentre sur mes ressentis, je me sens happée de l'intérieur, j'imagine mes énergies négatives aspirées par les cristaux présents dans mes mains, à mes pieds, à ma tête, …

Je lâche prise, je m'endors, du moins, je le pense…

****

Mon rêve :

Je vois mes anges (le chapitre 1 de mon premier écrit), ma grand-mère et la sœur de mon premier petit ami, un moment de plaisir à revivre ce moment.

De loin j'aperçois la maman de mon ami (le chapitre 3 de mon présent écrit), elles sont présentes, elles sont là, du-haut de leur paradis blanc.

Elles sont mes guides, elles restent ancrées dans mon chemin.

****

J'ai somnolé, j'ai dormi ?? Bonne question !

J'entends une notification de message sur mon portable, je sors de ma léthargie. Mon hôtesse n'est pas venue de la séance, quelle heure est-il ?

Je pose délicatement les pierres qui étaient dans mes mains et je saisis mon téléphone, 11h30 !

Je ne me sens pas dans mon état normal, j'ai une montée d'angoisse, car j'ai lâché prise, chose qui m'est si difficile. Je monte à notre logement d'un pas rapide, fermé !

Ou est mon ami ?

A travers une fenêtre, je vois que mon sac y est ! Ou est-il ? Il m'a laissé ? Je n'ai pas vu le temps passer et il s'est éclipsé. Je l'appelle, il ne me répond pas.
Tant bien que mal, j'essaye de retrouver mon calme, il n'est pas parti sans moi quand même, ce n'est pas possible. J'entends du bruit dans le bas de l'escalier, c'est lui. Il était simplement parti déposer les bagages dans la voiture.

Je lui explique ma peur irrationnelle de l'abandon, la difficulté à revenir dans « notre temps », le froid qui a envahi mon corps en quelques secondes. On monte dans la voiture, elle est baignée par le soleil printanier, je sens la chaleur petit à petit revenir en moi. Je lui raconte que j'ai vu mes anges, qu'il fallait suivre nos chemins.

Ce rêve de mes anges, date au moment de mes 17 ans, donc cela fait 30 ans. Le rêve de la maman de mon ami, il y a 3 ans. 3 anges. On fête nos 3 ans dans ce lieu qui me permet de faire un recentrage, un nettoyage…

Y-a-t-il une coïncidence ?

On touche un sujet qui peut fasciner autant que faire peur. J'aime à savoir ce que cette vie est capable de nous emmener. Les pourquoi ? Les comment ?

****

Pour ma part, j'ai fait un travail avec une neuropsychologue pour faire des tests, savoir qui j'étais « dans mon cerveau ».
On nous paramètre par notre vécu, notre éducation, nos ressentis, mais qui sommes-nous vraiment ?

Plusieurs heures à passer des tests, à faire un bilan ! J'ai eu le résultat quelques jours après ce week-end.
J'ai des capacités au-delà de la moyenne, une prise de conscience qui m'a bouleversé au vu de ma vie passée, des batailles à gagner, des brimades à supporter, des moments à se justifier...

Je savais au fond de moi qui j'étais, mais je me suis sentie grandie de ce résultat et de ce moment passé sur cette table entourée de minéraux.

C'était le moment ! Des dates qui ont un sens, des anniversaires d'événements vécus.

Je vais analyser ce chiffre 3 par un écrit pris sur internet :

Le chiffre 3 et son symbolisme :

Spontanément, le chiffre 3 évoque :

- Les trois formes de la matière : solide, liquide, gazeux,
- Les trois dimensions,
- Le passé, le présent et l'avenir,
- Les trois couleurs primaires (bleu, jaune et rouge),

De même, sur le plan de l'Homme et de sa condition, le chiffre 3 peut évoquer :

- La naissance, la vie et la mort,
- Le corps, l'âme et l'esprit,
- La pensée, la parole et l'action,
- La thèse, l'antithèse et la synthèse,
- Le matériel, le spirituel et le divin,

Je vous parle souvent de mes anges et là, ils ont leur importance dans ce chapitre, je vais voir ce que ce chiffre 3 représente dans la signification des nombres des anges.

Ne soyez pas surpris de faire dans les prochains jours des progrès considérables dans votre vie. Car le chiffre 3 renvoie à la percée, à l'épanouissement et à la croissance. Ceci concerne le domaine sentimental, professionnel, financier, spirituel et familial.

Récurrent dans votre vie, le chiffre 3 indique que vous êtes une personne créative, optimiste et spontanée. Vous vous caractérisez aussi par votre joie de vivre, votre amour de l'aventure et votre humour.

Le fait que ce chiffre vous soit envoyé est le signe qu'il est temps de découvrir et d'apprécier l'étincelle divine qui est la vôtre.

En vous faisant avancer sur le sentier de la confiance en soi, le chiffre 3 vous invite à concrétiser tous vos projets. Des projets que les Anges vont sans doute accompagner. Soyez tout simplement sensible aux vibrations de la communication que porte le chiffre 3.

Le chiffre 3 est également la preuve que les anges cherchent à attirer votre attention. Suivez sans crainte vos intuitions. Elles sont l'émanation de votre sagesse profonde. Le monde céleste vous demande de prendre conscience de vos qualités que vous ne valorisez pas toujours, mais qui font de vous un être de paix, d'amour et de clarté.

Sachez aussi que vous êtes sur la bonne voie. Les anges vous demandent de persévérer. Si la mission devient ardue, ayez confiance en vos compétences. N'oubliez pas que le soutien et l'aide que les anges vous accordent, font de vous des personnes favorisées.

Toutefois en attendant la concrétisation de vos désirs, les anges vous demandent de ne pas oublier votre vision. Une vision que vous portez avec enthousiasme. Vous seul(e) savez de quoi il s'agit. Ne vous laissez surtout pas gagner par le découragement.

L'apparition du chiffre 3 vous rappellera toujours que si vous gardez la foi, vos rêves se réaliseront au moment opportun.

****

J'ai posé mes valises réelles et intérieures à cet instant T, à cette date anniversaire.

Il ressort de l'analyse de ce chiffre et de mon bilan avec la neuropsychiatre une chose similaire. Avoir CONFIANCE en SOI, ne pas se dévaluer, avoir foi en ses compétences.

.27. Harcèlement

Un sujet sensible, qui a été souvent caché, nié dans les établissements, un sujet tabou, dont il ne fallait pas parler.

Il touche l'adulte, mais plus particulièrement l'enfant, l'adolescent.

L'école, le collège, le lycée, des endroits propices aux méchancetés gratuites et humiliantes. D'après une étude, un élève de collège sur dix a été victime de harcèlement ou cyberharcèlement, c'est un chiffre qui fait peur.

Il suffit d'être une personne sensible et les mots ou gestes prennent une ampleur importante au point que certains finissent par dépérir, s'éteindre et ne plus vouloir vivre, ….

La répétition de ces brimades, de ces moqueries, de cet isolement emmène chez l'enfant de l'angoisse, des attaques paniques paralysantes, des maux de ventre, des vomissements, une baisse de l'estime de soi, une dépression, une phobie scolaire et des résultats en chute libre.

Il faut entendre et avoir l'œil averti pour ressentir ce mal-être qui s'immisce petit à petit chez l'enfant, on ne voit pas toujours les premiers signes.

Je ne vais pas vous raconter mon rêve et vous allez comprendre pourquoi !

Mon troisième fils est rentré en 6ème cette année, c'est un enfant sensible à l'autre, aux émotions, aux ressentis, …

******

Son rêve :

Au loin, il y a son groupe d'amis, il va vers eux et ils se moquent, on rigole de lui. Un élève vient à sa rencontre, il ne se rappelle plus de son prénom. Ah si, enfin cela revient, il s'appelle S….

Il se retrouve dans la salle de sport et il observe une publicité au loin. Il voit S…. harceler un autre élève que lui et en voulant s'approcher, S…. le rejette également.

Par la magie du rêve, il se retrouve la veille de cette journée, S…. commence à l'insulter par des gros mots, et pour se défendre, il fait pareil.

Ils regardaient tous les travaux du collège et S… lui a tapé sur l'épaule, il a voulu le frapper. Sa main arrivait vers sa tête, la surveillante est arrivée pour arrêter S…

Il a changé de place pour éviter le conflit et S… s'est approché et a voulu lui donner un coup de pied.

En voulant lui rendre les coups, il s'est réveillé.

******

En allant le réveiller pour aller en cours, il me raconte son rêve et me dit qu'il a eu la sensation de ne pas avoir respiré de la nuit. Il se sent fatigué, il sera difficile, une nouvelle fois, de le préparer pour partir au collège.

Ce qu'il faut savoir et pour remettre les choses dans le contexte, mon fils depuis la rentrée a été confronté au sujet des brimades, de l'isolement, de personnes harcelantes, et au fil du temps un vrai malaise qu'il n'arrive plus à définir s'est emparé de lui.…

Il en arrive aujourd'hui à ne plus apprécier les sorties où il y a beaucoup de monde, il ne supporte pas l'imprévu, il doute de tout ce qui peut être dit, il analyse tout.

Mes chapitres parlent souvent de ma volonté de voir le positif dans le négatif, se battre pour avancer, relever la tête des soucis divers…

Sauf que là, on parle d'un sujet, d'une épreuve et d'un sentiment que l'on ne maîtrise pas ! Sauver son enfant de cet enchaînement d'injustice et de mal-être.

Il est en « refus scolaire anxieux », beaucoup d'absentéisme dans ce troisième trimestre de 6ème, pour ne pas se retrouver dans un contexte qu'il ne maîtrise plus. C'est un phénomène anxieux, ce n'est pas un choix délibéré de l'enfant de ne plus aller au collège.

Le refus scolaire anxieux se manifeste d'abord par une détresse émotionnelle intense, avec trois symptômes fréquents, les maux de têtes, les troubles gastro-intestinaux et les troubles musculaires.

On peut aussi constater de véritables attaques panique. L'enfant peut verbaliser des peurs : peur des professeurs, peur du regard des camarades, peur d'être interrogé, peur de l'inconnu, peur de l'abandon, … Il met en place des stratégies d'évitement visant à se protéger de la situation anxiogène. On peut retrouver des facteurs déclenchants comme un changement d'établissement scolaire, un divorce, la maladie, un harcèlement, un racket sur le lieu scolaire…

Tous ces éléments représentent une menace pour la sécurité de l'enfant.

Que devons-nous mettre en place pour le sortir de cet enfermement ? Qui sont les futurs acteurs de cette aide ? Qui peut comprendre ses réactions ?

Ce sont de bonnes questions et pour le moment les réponses sont diverses et variées. Je suis sa maman, j'ai sa garde, le papa n'a pris conscience que depuis très peu de temps de cette situation, car il ne voyait pas où se voilait la face des problèmes de son fils.

Il a fallu que mon dernier lui dise ce qui l'a blessé un soir d'Avril. Cet enfant de 11 ans a parlé comme un adulte des ressentis profonds qui le blessait. Cela a permis d'ouvrir les yeux à mon ex-mari sur ses douleurs internes et psychiques, sa place qu'il ne trouve pas.

Il était temps, j'avais pourtant donné l'alerte à tout le monde, au collège, à lui lors d'un rdv pour parler des difficultés qu'il pouvait rencontrer. J'avais demandé de l'aide, imploré de prendre tout cela au sérieux.

Qui peut le mieux cerner tous ces ressentis que la personne qui vit tous les jours avec.

Médecin scolaire, psychologue, centre médico-psychologique (CMP), plusieurs rendez-vous pour évaluer la situation. Il y a des solutions mais pas de médecin disponible, pénurie… Vivre dans un Pays dit « moderne », peuplé de têtes pensantes et ne pas avoir assez de docteur en tout genre pour gérer nos maux, nos mal-être que l'on soit jeune ou âgé.

Pénurie, nous dit-on ! Comment soigner nos enfants, les accompagner quand on nous annonce un an de liste d'attente car il n'y a plus de pédopsychiatre dans les CMP ?

Nous, parents, comment gérer ces moments, ces émotions si difficiles ?

Son rêve est le reflet de sa vie, il se retrouve tiraillé entre le bien et le mal, il est si jeune et il a déjà une grande maturité sur la vie et ce qu'elle représente.

Dans mon premier tome sur les rêves, j'ai raconté un de ses songes, le chapitre 29 - L'AQUARIUM. Je vous résume juste une partie de l'analyse :

« Rêver d'être attaqué par une raie indique que vous réprimez considérablement vos sentiments. Les émotions s'accumulent jusqu'à ce que vous ayez envie d'exploser. Ce rêve est un signe clair que vous devez évacuer vos émotions avant qu'elles vous submergent.
=> Cela reflète bien sa personnalité et ses émotions. Il va falloir que je surveille sa façon d'être pour éviter qu'il soit submergé. »

C'était au moment de notre divorce… Il y a à peine 4 ans ! A l'époque, ce petit garçon de 7 ans commençait déjà à accumuler son petit baluchon de mal-être, il gardait en lui ses ressentis, ses sentiments.

Désormais, il va falloir le faire grandir, le protéger… Que dit l'analyse des rêves ?

Rêver de harcèlement et en être victime indique que vous vous sentez incapable de vous défendre face à une situation pénible. Rêver de harcèlement est souvent lié au fait que le rêveur doit lutter contre un stress émotionnel.

=> Pour être honnête, j'en avais la même analyse, le vivant au quotidien, il perd tous ses moyens.

Oublier le prénom de quelqu'un que vous connaissez, en rêve, signifie que vous vous sentez dépassé et surchargé dans la vie réelle.

=> Quoi dire de plus ! Si on se met à la place de cet enfant, effectivement, on ne peut que se sentir dépassé par cette situation. Il n'a que 11 ans et n'a pas encore le recul d'un adulte !!

Rêver de coups de poing est un présage d'humiliation.

=> Cette période pour lui est à l'image d'une balance, il a d'un côté un groupe d'amis qui le soutient depuis la rentrée et de l'autre, de part certaines attitudes d'élèves moqueurs, lui montrent qu'il est différent du fait de son état d'âme actuel. L'absentéisme lui est préjudiciable et on rentre dans un cercle vicieux.

Pour la sensation de ne pas avoir respiré dans sa nuit, cela peut s'expliquer par « la paralysie du sommeil », j'ai fait ma recherche sur Internet et l'explication est simple sous cette appellation un peu angoissante :

« La paralysie du sommeil est en réalité une parasomnie, un trouble du sommeil. La paralysie du sommeil peut survenir pendant le sommeil en lui-même, mais aussi à la lisière de l'éveil et du sommeil, au moment de l'endormissement ou du réveil.
Au cours de cette expérience, la personne a l'impression d'être éveillée et essaie de sortir de son sommeil, en vain (comme si elle vivait un rêve éveillé). Impossible pour elle de bouger son corps, la personne est comme paralysée. À cela peut s'ajouter une sensation d'étouffement.
En réalité, pendant cet épisode, la personne respire normalement. Elle pense être tout à fait consciente, mais elle se trouve entre le rêve et la réalité. "*Sa perception des choses est biaisée, il y a tromperie des sens*" ajoute la spécialiste. »

=> La personne se trouve entre le rêve et la réalité… Mon fils vit en ce moment dans cette ambiguïté, comment se sortir d'une réalité angoissante et rêver d'un monde meilleur !

« Tu as l'intelligence d'un enfant mature
Tu as la vulnérabilité d'une fragile nature

Tu as la force de pouvoir avancer
Tu arriveras à te dépasser

Un jour, il fera meilleur
Et tu en sortiras vainqueur

Ces expériences douloureuses font très mal
Mais elles te feront devenir quelqu'un de pas banal

Crois ces quelques mots de ta maman
Son expérience est la source de son maintenant »

.28. Bébé brun et des accidents de moto

Mon double rêve :

Je tiens dans les bras ce bébé brun, un beau poupon que j'ai eu avec mon ami. On se regarde fier de ce petit être.

J'observe ce petit visage et le doute me vient, je ne connais pas sa date de naissance, je réfléchis, je panique, je ne me souviens plus de cette date si importante. Aucune femme ne peut oublier cela !

Je me mets à me poser la question : Est-ce bien moi qui l'ai mis au monde !! Si, si, pourtant, je le sens dans mes entrailles, dans ma chair.

Je cherche dans son carnet de santé. Il est né le 25/03/2022 !!

****

Je me retrouve à pique-niquer près d'un étang qui se transforme rapidement en mare de boue. On entend des motos ronronner au loin et par je ne sais quel exploit, plusieurs finissent par chuter dans cette étendue de vase. Certaines glissent, certaines atterrissent sans mal ! Ils nous regardent tous ahuris, aussi surpris que nous de leur destination finale !

****

J'ouvre un œil et le cerveau se met en marche pour démarrer une nouvelle journée ! Des souvenirs de ma vie nocturne me laissent quelques indicateurs que je me dois d'analyser…

Aujourd'hui, nous sommes le 29/06/2023, 1 an, 3 mois et 4 jours par rapport à cette date apparue dans mon rêve.

Oublier la date de naissance d'un enfant, ce n'est pas possible pour moi ! Quelle sensation désagréable !

Pourquoi le 25/03/2022 ?

J'ai de suite regardée dans mon agenda personnel ! J'ai juste contracté la COVID à cette date précise !
Cette date n'a pas de résonance particulière et personnelle. Si, je me trompe, c'est le jour et le mois du décès de ma grand-mère maternelle, j'ai écrit un chapitre sur le lien particulier que l'on pouvait entretenir. Il n'était pas très fusionnel, elle ne nous laissait pas beaucoup de place dans son cœur ! Il y a juste eu un regard et une main tendue quelques jours avant sa disparition qui, me semble-t'il, voulait dire pardon !

Après avoir consulté mon agenda, je m'empresse, également, de regarder ce qui s'est passé dans le monde. J'ouvre une page google et j'y note la date. Dans les archives du journal « France Info », je trouve les différents faits :

- *Présidentielle 2022 : trois questions sur la propagande électorale*
- *France-Côte d'Ivoire : les Bleus l'emportent sur le fil face aux Eléphants pour leur premier match de 2022*
- *Covid-19 : le nombre de contaminations continue de grimper, mais celui de patients reste stable*
- *Carburants : la remise promise par le gouvernement ira jusqu'à 18 centimes par litre dans l'Hexagone, annonce le ministère de la Transition écologique*
- *Guerre en Ukraine : ce qu'il faut retenir de la journée du vendredi 25 mars*
- *Mort d'Yvan Colonna : Cargèse se prépare à enterrer le militant indépendantiste*

- *Journée nationale de la tuberculose*
- *…*

Tous ces titres sont des faits passés et rien qui se rapporte de près ou de loin à un rapprochement de mon rêve.
Tout cela me laisse perplexe, cette date a sûrement une signification, elle est apparue clairement comme un indicateur.

Que fête-t-on ce jour ? C'est la Journée internationale des enfants à naître, elle est célébrée le 25 mars, à l'occasion de la fête de l'Annonciation, soit neuf mois avant la célébration de la naissance du Christ.

C'est une belle intuition cette date dans mon rêve, vous ne pensez pas ? La journée des enfants à naître ! Ce bébé « irréel » naît ce jour-là !

Mais, que dire de la suite de mon songe, ces accidents en moto ! Nous sommes motards, et il est vrai que l'accident peut faire partie des peurs quand on monte sur ces grosses cylindrées. Là, je les voyais arriver et atterrir comme dans un spectacle, on avait l'impression que c'était orchestré !

Le monde des rêves révèle de bien grandes interrogations !

Rêver de date précise peut signifier que vous pouvez vous préparer à quelque chose d'important. Quand elle est inscrite sur une tombe, un agenda ou un cahier, cela prédit une rencontre avec une personne qui influencera votre destin.
Rêver d'un bébé brun est synonyme d'un retour à votre nature profonde. Rêver d'un bébé garçon symbolise que vous êtes sans doute à la recherche d'une épaule, pour vous y sentir en

sécurité. Par ailleurs, ne vous laissez pas complètement aller, vous pourriez y laisser de l'énergie.

=> Dans mes rêves, on retrouve souvent ce besoin de recherche du moi intérieur (la corde vibratoire), sa nature profonde, cette introspection qui permet de savoir qui l'on est vraiment ! C'est une partie du corps et de l'esprit qui ne demande qu'à être développée pour transformer les émotions en énergie positive.

Certaines personnes ne s'y intéressent pas et restent comme elles sont !

Ce n'est pas mon cas, j'ai un besoin viscéral de savoir pourquoi je suis ici, pourquoi certaines rencontres sont importantes, pourquoi certains traumatismes nous hantent, pourquoi on réagit à certains évènements, comportements, …

Mon moi intérieur est comme un guide, une lumière intime, grâce à un travail d'observation sur mon ego, mon niveau de résistance, mes possibilités de réaction, je vis différemment les périodes de ma vie. L'analyse montre de moi cette personne forte, mais aussi fragile, le besoin de l'épaule pour y poser ma tête est important tout en y mettant assez de recul pour ne pas me retrouver happée de mon énergie.

Rêver que vous assistez à un accident de moto peut être lié à un certain manque d'autonomie qui se produit dans votre vie. Par conséquent, ce rêve indique que votre subconscient réclame la liberté. Il y a beaucoup de choses qui vous mettent la pression en ce moment et vous devriez les mettre de côté et vous concentrer un peu plus sur vous-même.

Il est peut-être nécessaire que vous fassiez une pause dans votre relation, que vous demandiez des vacances, et peut-être même qu'un voyage à ce moment-là serait quelque chose de positif.

D'autre part, le fait de voir un accident avec lequel vous n'aviez aucune relation, peut-être une indication que vous devez aider davantage les autres. Il y a beaucoup de malheur dans le monde et vous le voyez de très près. Cela peut être un signe pour passer à l'action. Votre subconscient est très affecté par cette situation et vous envoie des propositions d'actions à entreprendre.

C'est le moment idéal pour agir. De petites attitudes suffisent pour améliorer la journée de quelqu'un. Vous n'avez pas besoin de changer le monde entier tout de suite, mais aider une personne à la fois fera certainement une grande différence.

=> Mon ami est ma plus belle rencontre, celle qui m'a permis d'aimer pleinement. La vie n'est pas un long fleuve tranquille et nous avons vécu quelques mois de remise en question sur notre couple !

Ne plus avancer sur les mêmes besoins, avoir des priorités différentes, des mots employés blessants qui font que l'on ne sait plus si l'amour peut y résister ! Un besoin de liberté, peut-être. Une décision de se quitter avec au fond le regret que pourrait avoir cet acte, car l'amour véritable ne meurt pas vraiment.

Il a fallu passer à l'action, entreprendre, aider, ouvrir nos cœurs. Il a fallu une semaine de discussion, de prise de conscience, de psychologie, d'ouverture d'esprit, pour ne pas prendre la décision fatale d'une rupture.

Dans l'analyse, on parle d'un moment idéal pour agir, c'était le moment ! Pour améliorer la journée de quelqu'un, il suffit d'être présent, à l'écoute, d'un bisou, d'une attention.

Nous sommes deux entiers qui veulent ne faire qu'un, nous sommes l'ami de celui qui veut partager son histoire, nous sommes le parent de l'enfant qui grandit, …

Passez à l'action d'être la personne que vous rêvez d'être, l'ouverture à l'autre, le sourire, le parler vrai, l'empathie n'a pas de prix.

.29. Un deuxième cauchemar éveillé

Qu'il est difficile de devoir à nouveau revivre ce ressenti. Dans mon précédent livre « Le rêve… Le reflet de la vie ??? Tome 1 », j'avais déjà écrit un chapitre sur le cauchemar éveillé, le numéro 18…

Nous sommes le vendredi 15 septembre 2023, une date symbolique. Date anniversaire de mon mariage avec mon ex-mari ! Mon chapitre 18 relatait le jour de la séparation qui était inévitable !
Oui, ce jour mais aussi tout ce que cela impliquait.
Depuis 4 ans et demi, la vie a repris son cours, elle est différente, elle a différents acteurs, elle a d'autres joies et quelques peines. J'ai un travail qui me fait me sentir importante, un poste de responsable Administrative et Comptable qui enfin me valorise à mes compétences, mes acquis, une reconnaissance qui fait du bien.

Alors pourquoi à nouveau ce cauchemar ?

Il est 13h34, je reçois un appel d'un de mes patrons. Ce sont deux frères, ils ont repris cette entreprise il y a 2 ans, il fallait oser, car c'était une période complexe, la Covid faisait encore parler d'elle, et la situation de l'ancien gérant n'avait pas laissé l'entreprise avec de belles perspectives. Le domaine d'activité était attrayant et ils ont su s'entourer de mon collègue dont je vous en ai parlé dans les précédents chapitres, et de moi-même dans les bureaux comme responsables.

Je décroche à son appel, il me demande « Comment vas-tu ? », je l'ai eu dans la matinée, je ne comprends pas.

Il me répète « Comment vas-tu ? », je lui réponds « ça va », il me sollicite de nouveau « Comment vas-tu ? », je lui redis que « ça va ».

Il me répond « Pourquoi tu me dis que ça va alors que tu n'aimes pas notre façon de gérer notre société ! tu n'obéis pas à nos demandes, on est les boss ! même si t'as raison ou tort, on est les boss ! tu as dit à tes collègues des choses qui ne devaient rester qu'entre nous, on ne peut plus travailler ensemble, on va mettre un terme à notre collaboration, il y a une incompatibilité à travailler ensemble ».

Je sens mon ventre se serrer, je sens à son ton dédaigneux que je vais tomber du dixième étage. Ma voix se resserre, mes mains tremblent, mon cœur s'accélère. Ils me reprochent d'avoir parlé d'un sujet sensible !! Je n'en ai parlé qu'à une personne, mon collègue proche, celui qui a un poste aussi important que moi et avec qui je me suis beaucoup confiée. Je me sens tomber, je me sens trahie.

« J'ai un dossier sur toi de plusieurs de tes collègues, on pourrait te licencier pour faute grave ! on peut te proposer une rupture conventionnelle maintenant, on évite le conflit. T'es d'accord ? ».
Je lui réponds « Ai-je le choix ? », que pouvais je lui dire, quand on ne veut plus de vous, doit-on insister ?

Je suis scotchée, éberluée, choquée ! J'ai toujours fait mon travail dans l'intérêt de l'entreprise. Je suis arrivée dans cette société avec un bureau et trois boites d'archives, j'y ai mis mon savoir, mes compétences, ma bonne volonté, du temps, des idées.

Avec mes collègues, nous avons tous fait évoluer cette entreprise avec conviction, avec le même objectif, la voir prospérer, lui redonner ses lettres de noblesse. Une belle équipe soudée, une belle entente, mais deux patrons peu présents sur le site. J'ai fait rentrer dans l'effectif, trois personnes de mon entourage, j'ai fait confiance à nos supérieurs, ce dont ils doutent.

Mon collègue, mon « Mdb » que je nomme dans mon précédent chapitre, leur a trop parlé, pourquoi ?
Je me retrouve dans une situation qui me dépasse et peut nuire à ma carrière. Je l'attends de pied ferme pour une explication afin de savoir ce qu'il a dit. Je suis désespérément choquée de la tournure des évènements, il me dit ne pas être au courant des intentions de nos patrons, il n'a pas été prévenu qu'ils me faisaient partir. Il s'excuse, mais je me sens terriblement peinée qu'il ait trop parlé.

Le soir même, j'ai reçu un mail, qui me notifiait un entretien pour valider cette décision ! Ils considèrent que j'avais déjà donné mon accord. Ils me convoquent pour le lundi afin de l'officialiser.
J'ai le droit d'être assistée, comme mon collègue regrettait ce qui se passait, je lui demande d'être présent, il pourra prendre la parole afin de donner sa version, différente que celle que mes patrons m'ont donnés. Il me valide sa présence même si cela peut lui porter préjudice, me dit-il.

Quel week-end cauchemardesque ! Je suis en état de sidération, est ce mérité ? J'ai tant donné ! Je me remets en cause, je réfléchis, je reconsidère les 1 an et demi de présence pour chercher ce qui ne colle pas, ce qui a posé problème.

Ce fameux lundi est arrivé, il a fallu se lever, une très courte nuit sans rêve. A plusieurs reprises, mon collègue est sorti du bureau, une fois, car il a eu l'un de nos patrons au téléphone et à un autre moment avec celui présent exceptionnellement au bureau.

Il a fait le déplacement pour repartir avec le papier signé de ma part.

Il est 14h, nous voilà réunis dans la salle de réunion pour « mon procès », je suis rassurée, je suis assistée, il pourra être dit sa version !

Nous sommes là pour discuter de cette rupture conventionnelle que j'ai, pour eux, déjà reconnue. Ils ne me reprochent rien sur mon travail ! Juste le fait qu'ils ne me font plus confiance, car je n'ai pas toujours été, à obéir de suite à leur demande et que nous avons une incompatibilité d'humeur.

Je me défends, j'argumente sur quelques points en regardant mon collègue, mon MDB, pour qu'il valide ou qu'il atteste sur certains propos…
Pas un mot, pas un regard ! Juste son crayon qui gribouille quelques notes !

Cette réunion se termine par la signature d'un courrier pour le prochain rdv.

Mon collègue vient dans mon bureau et me dit « Ils m'ont dit de ne pas prendre parti, juste prendre des notes, et ils m'ont dit de te demander si tu peux faire des procédures de tout ce que tu faisais !! ».

Je l'ai regardé avec des grands yeux ronds d'étonnement !!

Ils se payent ma tête, Ils n'auront rien ! Je suis partie avec rien, j'ai mis en place de nombreuses procédures, et bien, qu'ils en fassent de même, sauf que tous les « process » sont déjà en place aujourd'hui, ils n'auront qu'à se creuser la tête un peu pour comprendre.

Je suis allée voir le médecin le lendemain qui, à mon récit m'a mise en arrêt pour 1 mois ! Le médecin du travail est prévenu, je réfléchis à un procès aux Prudhommes, je n'ai jamais eu de mise à pied, aucun courrier d'avertissement, mais beaucoup de félicitations sur le travail accompli, d'avoir « nourri en données » les logiciels que j'ai mis en place, cela permet à ce jour de délocaliser aux USA cette source qui permet à la société américaine de trouver les éléments nécessaires pour la mise en place de nos ouvrages !

C'est brutal, on touche à l'humain et cela fait mal !

Une rupture conventionnelle est l'accord des deux parties, je vais peut-être la valider pour rebondir, mais je ne suis pas d'accord… Je suis virée comme une malpropre, on ne me reproche pas mon travail, juste ne pas être la personne qu'ils attendaient, quelqu'un de docile, quelqu'un qui dit « Oui » car ils sont patrons ! Je n'ai pas mis en péril cette société, je suis trop intègre et droite, j'y ai veillé même en dehors de mes heures de travail ou en congés.

Quel cauchemar éveillé ! J'avais besoin du soutien de mon collègue qui savait tout, il a obéi à ce qu'on lui a demandé. J'attendais juste son soutien amical, mais pas à un pion qu'on manipule.

Souvenez-vous de ce que j'avais rêvé au Chap 21 de cet écrit, le rêve sur la prise d'otage…
Dans l'analyse, il y était écrit : « Rêver d'armes à feu et se faire tirer dessus : Si on vous tire dessus avec une arme à feu, le rêve signifie que vous devez être conscient d'une possible calomnie

dans la sphère professionnelle. Soyez plus prudent dans vos tâches au travail, afin de ne pas être injustement accusé d'erreur....

Si j'avais su...

Nos rêves nous guident, pourraient nous permettre d'anticiper des aspects difficiles de notre vie, mais là, il n'est pas toujours facile d'y voir ce futur au moment de nos songes.

.30. L'abcès

J'ai fait un rêve en fin d'année 2022…

Un feed-back dans la chronologie de mes rêves, je l'avoue. Je n'y trouvais pas l'inspiration, car ce n'était peut-être pas le moment de l'analyser, de savoir ce que cela allait me révéler.

Comme dans mon premier tome sur les rêves, je me suis posée la question du chapitre qui pourra conclure cet écrit. Ce rêve va boucler le périple de ma vie nocturne. Il y aura sûrement une suite, ma vie n'est pas finie ! Pouvons-nous toujours nous dire que le rêve est le reflet de la vie ? Je reste encore impressionnée par les analyses de mes songes et ma vie réelle.

****

Mon rêve :

Je sens que j'ai un abcès énorme à l'intérieur de ma mâchoire.

J'ai entrouvert la bouche et j'ai juste appuyé sur cette zone douloureuse et il en est sorti, une énorme quantité de pus !!!

****

Excusez-moi de l'image que cela renvoie, ce n'est pas très agréable et vraiment douloureux.

Je ne comprends même pas pourquoi j'ai pu rêver de cela, je n'ai jamais eu de souci de santé de ce côté-là. Je n'en connais ni la douleur, ni la sensation !

Au travers de mes chapitres vous avez appris à me connaître, avez-vous peut être pu vous identifier sur certains rêves ou dans mon parcours de vie ?

Je me relis parfois et je m'étonne des épreuves qu'un humain peut traverser, je parle au sens large, car quand on est à l'écoute de l'autre, on s'aperçoit que notre vie, même si elle a été malmenée et difficile, on trouve parfois encore pire !

L'abcès, d'un point de vue médical, c'est une masse tendre remplie de pus due à une infection. Tous, on le redoute !

J'ai cherché sur Internet, le côté psychologique et l'analyse onirique, le résultat de ma recherche ne me surprend pas :

« Dans certains rêves, plutôt cauchemardesques, il peut arriver d'avoir la perception de protubérances désagréables sur la peau.

Cela va du simple abcès à l'acné. Comme dans toutes manifestations cutanées, l'abcès est le signe d'un trouble intérieur que l'on ne parvient pas à formuler ou reconnaitre.

Le besoin de l'exprimer vient pourtant se matérialiser en surface par une irruption aussi disgracieuse que désagréable.

De façon inconsciente, le corps exprime le trouble refoulé qui devient ainsi visible pour les autres, alors que le Conscient s'efforce de le cacher.

Toute marque cutanée et de trouble du derme est le signe d'un impact sur notre psychisme, d'une blessure morale. »

« De la même manière, les irruptions oniriques viennent exprimer d'une manière tangible un malaise ou des souvenirs pénibles, depuis longtemps occultés, qu'il est nécessaire de libérer aujourd'hui. Cette remontée en surface épidermique n'est pas anodine et sa manifestation est plutôt un signe positif.
Une expression populaire dit qu'il « **il faut crever l'abcès** » : cela veut dire que des pensées, des rancœurs, des angoisses liées à

des traumatismes se sont accumulées et qu'il est impératif de les libérer sous risque d'infection interne et externe.
Il faut surmonter sa répugnance et sa douleur pour extraire de soi ces éléments négatifs et hétérogènes ».

En bref, crevons l'abcès. Libérons ce pus qui ne demande qu'à sortir, c'est douloureux mais libérateur.

Alors…

- Aujourd'hui, je désire devenir passionnée, la photo est un passe-temps qui me permet de figer l'instant et révéler la beauté du sujet…
- Aujourd'hui, je désire rire sans que cela vexe, l'humour doit être libérateur de tension et porteur de joie…
- Aujourd'hui, je désire savoir qui je suis vraiment, des tests ont permis de valider mes capacités cognitives et empathiques, même si au fond, je le savais déjà…
- Aujourd'hui, je désire voyager, découvrir d'autres mondes, d'autres cultures, apprendre en chaque pays la richesse qu'ils peuvent apporter…
- Aujourd'hui, je désire me libérer des chaines invisibles, pardonner est un grand mot, mais au moins me dire que mon passé m'a appris à devenir la personne que je suis maintenant…
- Aujourd'hui, je vais m'écouter et sortir de mes conditionnements, trouver ma voie qui est la mienne...
- Aujourd'hui, je vais m'affirmer, me libérer et retrouver ma légèreté d'être…

Ecoutez vos rêves, ils sont vos guides, ils ont une vérité qui peut surprendre, parfois bouleverser.

J'aime à rêver et parfois cauchemarder, ils reflètent un état d'âme intérieur et répondent à des questions de nos vivants.

Il me reste encore trente ou quarante ans à vivre, si la vie me le permet, je continuerai à écrire mes histoires qui me permettent d'échanger avec vous, familles, amis, inconnus, …

Le tome 3 est en cours d'écriture, vous y verrez jusqu'ou mes rêves me guident, me permettent de comprendre pourquoi ils sont le reflet de ma vie, que malgré les jolis moments, les douleurs, les obstacles, on y croit encore…

Le rêve fascine même le plus sceptique…

REMERCIEMENTS

Je remercierai toujours en premier lieu mes enfants, ils sont ma source d'inspiration, mes moteurs, mon envie de me battre tous les jours, ils donnent un sens à ma vie.

Au moment d'écrire ces remerciements, la vie ne m'a pas encore épargnée, mes aventures feront partie d'un tome 3.

Je tiens aussi à remercier ma maman pour son écoute, ses corrections et ses encouragements tout au long de mes chapitres. Elle est inspirante par son parcours, ses convictions, sa vue sur son passé et son présent.

Il ne faut pas oublier mes amis, ma famille, c'est important d'être bien entouré, de rire, de joie pour surmonter les moments compliqués.

Rêvez la nuit, rêvez le jour, …